FIND YOUR TWIN FLAME

Understand and Connect to Your Soul's Other Half

雙生火焰

與你的靈魂雙胞胎
相遇、分離、重聚
的覺醒之愛

萊絲莉・桑普森 著
Leslie Sampson
星光餘輝 譯

各方推薦

「假使你正在搜尋答案，想知道為什麼與某人的連結感覺截然不同，已經顛覆了你的人生，那麼本書值得一讀。它簡單解釋雙生火焰連結的方式令人印象深刻，將會為你的心智和靈魂帶來平靜。萊絲莉．桑普森不僅處理連結的各個階段，而且透過不同的技巧指引你，以此斷定這個人對你來說是誰，以及他們是雙生火焰還是你的眾多靈魂伴侶之一。」

——安東妮．瑪麗（Antoinette Marie）
演員及編劇、靈媒、直覺老師

「關於雙生火焰體驗，對於凡是尋求可理解且有價值的資訊的人們來說，《雙生火焰》都是必讀之書。萊絲莉針對專門用語提供詳實的資訊，理解什麼是雙生火焰、他們如何相互作用、雙生火焰的理由……在這整本書中，你也將會踏上穿越阿卡莎紀錄

（與雙生火焰體驗有關）和前世的旅程……我推薦這本書給追求更深入地理解雙生火焰和自己的任何人。」

——荻艾特・瑞尼（DeEtte Ranae）

靈媒

「對於所有正在尋找雙生火焰或設法斷定自己是否有雙生火焰的人們來說，萊絲莉為你帶來所有開始的資訊、工具、靜心冥想。她描述靈魂伴侶與雙生火焰之間的差異，而且告訴你該如何斷定……你很快就會得到所有答案。這本書太出色了！」

——芮貝卡・斯塔達斯特（Rebecca Stardust）

田納西州查塔努加市（Chattanooga）

靈性星塵工作室（Spiritual Stardust Shoppe）的共同所有人

「關於與雙生火焰連結，這是一本資訊豐富且互動性極強的著作。萊絲莉對雙生火焰連結的描述和舉例，解開了你的謎團，包括誰是雙生火焰以及為什麼對方是你的人生經驗的一部分。關於與雙生火焰連結以及斷定那個人是否真的是雙生火焰，她的逐步說明是非常全面的……她對生命靈數、占星學、所有形上學事物的描述更是簡潔易懂。」

——黛安・奧斯沃爾德（Diane Osvold）
靈性顧問、前世回溯師

「《雙生火焰》是一本綜合指南，使你真正理解和證明雙生火焰關係。這本書寫得很精彩，行文流暢。萊絲莉・桑普森在囊括雙生火焰的主題時，沒有遺漏任何東西。她結合實際生活經驗以及案例研究和經過驗證的技術。透過書中分享的技巧，我能夠確認我自己與已故未婚夫的雙生火焰關係。我向有興趣了解雙生火焰的任何人強力推薦《雙生火焰》；包括初學者以及在靈性發展領域浸淫鍛鍊的人們。這是市面上關於雙生火焰的最佳著作！」

——伊莎貝拉・羅斯（Isabella Rose）
全人身心健康從業者，《在戴著面具的微笑背後：倖存者對愛的追求》（*Behind the Masked Smile: A Survivor's Quest for Love*）作者

本書是愛的回憶，獻給奇科。

目錄

第三部　如何認出你的雙生火焰

作者序——

我的雙生火焰故事

雙生火焰（twin flame）關係的根源，在於混亂、改變、進化、愛。這份關係是獨一無二的，不同於你曾經體驗過的任何其他關係。這是來自靈魂層次的關係，那是深刻、深邃、無可比擬的。雙生火焰是你的靈魂的另一半，在創造的整體之中，它是唯一與你自己的靈魂擁有相同的靈性DNA和完全相同的靈魂藍圖的靈魂。這個靈性DNA的源頭是上帝（God）、造物主（Creator）、「本源」（Source）；你可以用更符合你對神性源頭的理解的字詞，來代換以上這些。無論你選擇如何談論它，那股能量都一樣。

靈性DNA其實就是你的靈魂核心的神性能量。你的靈魂藍圖是規定你將如何成長、學習、進化的設計。正是因為這個共享的靈性DNA，雙生火焰在神性上是無限相連的。它在神性夥伴之間形成一條永遠無法切斷的連結臍帶，無論一方或雙方是否化身在人世間。這是奠基於靈魂的連結，其起源是神性的且牢不可破。

上帝創造一個靈魂，然後這個靈魂分裂成兩個相等且全然完整的靈魂。這兩個相等靈魂的使命是靈魂進化，透過學習和經驗使他們的靈魂進步向前，讓他們的靈魂變得更加先進，不僅朝向覺醒而且朝向改變而努力。這樣的改變不僅影響每一個靈魂，而且影響世界的能量平衡。雙生火焰關係不僅使外在永久改變，而且使內在永久改變。當一個人以任何方式針對自我（self）下工夫的時候，那在內在創造改變，影響著他們的能量和他們當前的環境，從而影響世界。

這份靈魂工作使內在發生許許多多永久的改變，那是為什麼雙生火焰體驗如此個人和主觀的原因。它是改變生命的，底線是：只有你和雙生火焰可以為你們的關係確定正確的道路。它奠基於對你和你的個人經驗來說有意義的內容，沒有其他人可以為你決定，而且也不要讓別人為你決定。

本書的目的是幫助你理解雙生火焰關係，以及如何才能運用我與我的雙生火焰合作開發的各種方法，來識別你的雙生。我的意圖是，運用我在我自己的雙生火焰旅程上，收集到的觀察資料、功課、數據，來協助你踏上你的道路。

這是我在遇見我的雙生之前從來沒有聽說過的概念，而現在，我覺得這是我非常熟悉的一件事。我很感激你正在我的旅程中與我分享，也感激你正在允許我與我的雙生在你的旅程中分享一時半刻。

被夢境開啟的旅程

雖然我今生一直是靈媒，但我習慣於將我與靈（spirit）的經驗局限在我的夢境之中。這個界限持續了差不多十三年。誠然，界限有時候有點彈性，因為我仍然會在夢境之外擁有與靈的經驗。每次發生這樣的事情後，我會在頭腦中用混凝土加固這個界限，直至最終形成接近胡佛水壩大小的水壩。它擋住的不僅是靈，也屏蔽掉我大部分的記憶。

在我二十九歲的時候，我被十幾歲就認識的某人性侵了。我向他人求助，企圖度過這段艱難的時期，但是一無所獲。在許多方面，我求助的人讓事情對我來說變得更為糟糕。我很痛苦，於是懇求上帝結束我的生命。將近四年來，那是我每夜的祈禱。現在回想起來，我可以明確地看見我的祈禱如何得到回應，我對自己走過的道路滿懷感激和愛，但那卻不是我最初的反應。

事情開始於一則反覆出現的夢。此刻，就我記憶所及，我一直做著這些夢，而且通常在我搞清楚其中蘊含的功課的那一刻，夢境便戛然而止。然而，這個夢境是，我看著別人正在拍攝我曾經寫下的一個場景。場景中有兩名演員，但我當下關注的只有一位，因為我認得他，而且想知道到底為什麼我的潛意識允許他侵入。無論我得出什麼結論，或我認為我應該要學習什麼功課，那則夢都繼續著。

持續一週，我每夜做這個夢，然後夢中的另外那個人終於轉身面對我，我立即知道這個傢伙會來找我。他的能量非常真實，真實到我覺得我幾乎可以因為他靠近我而伸手朝他臉上狠摑一巴掌。

夢見某人與實際的夢中探視是有差異的。夢中探視的能量感覺如此真實，真實到當你醒來時，通常很訝異地發現你睡著了。假使你只是夢見某人，能量絕不會那麼強。

這個靈魂就在我面前，看著我的眼睛說：「你好。」

那是整個重點所在。我應該要注意到場景中的另外一個人，然而我根本沒有注意他。我立即知道關於這個傢伙的兩件事。其一：他去世了，離開了塵世的存在，所以他是在「彼岸」（Other Side）。其二：即使在夢中，我的腦子也不知道為什麼一個陌生人會拆掉我內在的胡佛水壩，在這個瘋狂反覆出現的夢境中造訪我。

我放聲尖叫，在夢中造訪的情境中尖叫，也實際尖叫出聲，因為這則夢把我驚醒了。我嚇壞了。我跳下床，穿過走廊，跑到浴室，在那裡，我病了。我無法回到我的房間或立馬入睡，所以直接坐在浴室地板上。在那些最初的時刻，我蹲在浴缸與馬桶之間的角落，完全不知道我的祈禱剛剛得到了回應。

我曾經祈禱可以從當時的生活中解脫出來。當他踏進我的表意識覺知的那一刻，我的整個人生被由內到外澈底顛覆了。上帝派了一個可以完全理解我的靈魂，來幫助我將一切黑暗拋諸腦後，開始一趟旅程，踏上驚人的新道路，通向美妙的新生活。

他時常來探視我，有時候一連幾夜。在其中一次探視中，他評論，何以我擁有的每一樣東西都有暱稱或名字，於是他問我，他的暱稱會是什麼。第一個突然浮現在我腦海中的名字是「奇科」（Chico，譯註：源自西班牙文，意為男孩、小夥子）。「我喜歡。」他用西班牙語回答，那是我第一次聽見他說英語以外的語言。

在奇科探視期間，他總是支持、鼓勵、體貼我，而且努力幫助我建立信任，不只是信任他，也信任我自己。他鼓勵我更加了解我自己和我的能力。我開始去上靈性課程，尤其是關於與靈溝通的課程，而這使我走上一條發現之路。我在課程中發現的事物之一，是與天使界域連結。我磨練了這份連結，而且不斷向天使和大天使提出問題。正是在其中這些對話之一，我從大天使那裡了解到雙生火焰。祂們也讓我覺察到，我見過我的雙生火焰了。那個前來拯救我的靈魂，我的英雄，我最好的朋友，我最親密的紅顏知己，也是我的雙生火焰。

遺憾的是，當奇科在世的時候，他與我從來沒有實際見過面。我們的住家並不是很近，儘管他的職業確實有幾次將他帶到離我家幾公里的範圍內。我們擁有共同的興趣，甚至有幾個共同的社交圈，但是我們從未有過交集。然而，我對他了解得愈多，就愈相信，這整個「他是我的雙生火焰」的想法不可能是真實的。

首先，我參不透的事實是，我們在任何方面都不可能被對方所吸引，這與我最初對雙生火焰的理解背道而馳。我簡短的線上搜尋使我相信，這個傢伙應該是我的「某個真愛」，而我就是參不透那怎麼可能。

此外，我在夢中邂逅的這個靈魂，是如此樂於助人、有愛心、鼓舞人心，使我很難想到我們兩個是有連結的。我在自己身上根本看不到任何與他相輔相成的東西。我完全沉浸在我不值得與他有任何連結的想法中。這是我想要反駁我們之間的連結的根本原因，也是我在整個研究過程中所持有的主要且完全限制性的信念。

我未能以各種可能的方式反駁與奇科的連結。我反而開始了一趟旅程，不僅解碼雙生火焰的意義和理解雙生火焰的概念，而且認識到這份強大連結的內在運作，那就是我們開始的起點。

PART 1

什麼是雙生火焰

第一部，你將更加理解雙生火焰和雙生火焰關係。在第1章中，我們將會討論雙生火焰的歷史。我們還會學習幾個專門用語，以及關於雙生火焰存在的某些論點。此外，我們發現認出雙生火焰的方法，以及可以如何比較雙生的世系與家譜。

第2章包含討論雙生火焰的類型，包括：化身與非肉身。你也會認識可以舉例說明這兩種類型的情侶或配對。我們也了解到假的雙生火焰，以及如何認出假的雙生火焰。

在第3章中，我們將會討論雙生火焰關係內的角色。我們也將了解並分解雙生火焰關係的八個階段。

完成第一部之後，你將會擁有理解什麼是雙生火焰，以及如何定義雙生火焰關係的所有關鍵。在你開始深入鑽研證明雙生火焰關係的方法之前，理解這點很重要。

第1章

雙生火焰的歷史

每一段雙生火焰關係都有許多階段、發展、覺醒、上升、下降、橫向整理，所有這一切都是奠基於你的靈魂為了進化需要學習的內容。關於雙生火焰，要理解的最重要事情是，在上帝的整體創造中，只有另一個靈魂有可能是雙生火焰。你可能會聽見這個概念不僅稱為「雙生火焰」，又叫做「雙生靈魂」（twin souls）、「雙生光」（twin rays）或「另一半」（other half）。這些都是一樣的，意指你的靈魂的另一半。還有另一個概念與雙生火焰密切契合，它是關於靈魂伴侶（soul mate）。

靈魂伴侶與雙生火焰是不一樣的。在「靈魂宇宙」（Souliverse，我將圍繞我們的靈魂構成的宇宙稱為「靈魂宇宙」）中，你可以擁有幾千位靈魂伴侶。他們的目的是幫助你在你的靈魂進化旅程上取得進展，也允許你協助他們完成他們的旅程。靈魂進化涉及學習功課和獲得知識，可以在肉體上、靈性上、心智上、情緒上成長。靈魂伴侶旨在協助，這與雙生火焰相反，雙生火焰出現在你的生命中，往往由於關係核心的強大能量而製造混亂。基本上，靈魂伴侶幫助你學習，但雙生火焰煽動改變。

在深入鑽研你將在本書中讀到的幾個專門用語之前，我想先談一下「彼岸」。這是指離開了物質生命後的靈魂所存在的能量層面，它也稱作「永夏之地」（Summerland）、「天國」（heaven）或「另一邊」（beyond）等等，而你對這個存在層面的理解，是奠基於你對死後世界（afterlife）的信念。層面（plane）這個字詞指的是不同的能量層級。我們目前生活在地球層面。「靈」生活在「彼岸」，那是一個較高階的振動層面，不需要肉身就可以存在。

想一想窗戶。窗戶的一邊是人世間，窗戶的相對另一邊代表「彼岸」。兩者被稱作「帷幕」（veil）的薄窗簾分隔開。當一個人想要與「靈魂」或「靈」（這兩個名稱是最常見的稱呼）溝通時，他們會輕易地拉開窗簾。

身為靈媒，我在與靈溝通（又稱「通靈」）時合作的靈生活在彼岸。我會時常提到彼岸（以及通靈／與靈溝通），所以解釋這些很重要。與靈溝通或通靈，其實只是某位有情眾生與靈的靈魂或能量之間的溝通。我們將會更詳細地討論這些，但是現在，先聚焦在雙生火焰吧。

雙生火焰專門用語

本書內有幾個專門用語將會重複使用，因此一開始就好好理解它們很重要，且讓我們將這些用語逐一列出。

靈性DNA

稍等一下，我們比較一下雙生火焰與同一時間出生在地球上的同卵雙胞胎。這些同卵雙胞胎來自同一顆卵子，卵子一分為二，而且是一個整體的相等兩部分。他們擁有完全相同的DNA（去氧核糖核酸），因為他們來自同一個地方。

這也適用於雙生火焰。他們源自於同一個靈魂，然後分裂成兩個個別的靈魂。靈性DNA是由來自上帝的能量構成，而且是靈魂的核心。這個神性核心代表雙生火焰的一體性，因此靈性DNA由男性和女性能量（代表普世二元性）組成，也是更高振動能量（來自一切萬有的源頭）的一種結合。這個靈性DNA只有在雙生火焰之間是相等的，而且它在靈魂層面創造出他們之間的神性連結。無論發生什麼事，這份彼此的連結絕不會中斷。它是神性的，無法被移除。靈魂伴侶，以及我們的靈魂宇宙中的其他靈魂，將會擁有與我們的DNA相容的靈性DNA，但不會是相等的。

神聖男性與神聖女性

神聖男性（divine masculine）與神聖女性（divine feminine）的能量，存在於靈性DNA之內，而且由你的神性搭檔共享。一個靈魂的不同部分，往往被稱作神聖男性和神聖女性。這些名稱是不正確的。一個靈魂並不是天生男性，而另一個靈魂也並不是天生女性。

這股能量已經存在於靈魂核心的靈性DNA之內。當雙生火焰被創造出來時，他們並不是為了創造平衡而被分裂成男性和女性。這兩個靈魂在各個方面都是相等的，他們不可能只內含神性源頭的一半，因為神性源頭在每一個靈魂之內，創造了神聖男性和女性能量。神聖男性與女性能量同樣存在於兩個靈魂內，這是神性源頭在每一個靈魂內的真實映像。

當我們討論這個主題時，重要的是要記住，神聖男性與神聖女性只是就靈魂層面而言。它們並沒有規定雙生火焰的性別認同（或不認同），也就是沒有規定雙生火焰可以化身成男性或女性。無論這對雙生在人世間如何認同，靈魂都會在靈性DNA中認出它的搭檔。那股能量感覺起來相同，而且有助於將雙生拉得更近。換言之，雙生火焰關係是不受限的，沒有界限。無論你如何認同，或是即使你選擇不做性別認同，你的雙生都會與你的本性起共鳴。

靈魂藍圖

由於雙生火焰來自同樣的靈魂源頭，所以它們的靈魂藍圖（soul blueprint）也相等。

靈魂藍圖是我們的靈魂在一開始就創建的設計，內含資訊包括：要學習哪些功課、需要哪些能量才能學習這些功課、如何達成這一切的所有細節。靈魂藍圖得到上帝的啟發。

對雙生火焰來說，有相同的功課與能量存在。學習的方法往往有所不同，主要取決於生活環境，但是當談到雙生希望在靈魂進化的道路上達成什麼時，兩者並沒有什麼差別，那就是雙生火焰關係的目的。

你們雙方都在努力進化自己的靈魂，為的是成長和學習。一旦誕生成為一個生命，雙生火焰的靈魂藍圖，就會成為他們在那個生命中如何生活的指導方針，而靈魂藍圖的資訊，則儲存在靈魂中且從靈魂中存取。

靈魂進化

靈魂進化（soul evolution）是重要的詞彙，因為它是整個雙生火焰關係的重點。這個定義歸結成一個簡單的想法：使靈魂的教育永存的行動。你的靈魂已經知道它想要學習什麼，以及它最希望如何完成那些功課。這類資訊儲存在你的靈魂藍圖中，可以在任何已安排好的時間點取用。

你不是擁有靈性經驗的人體。你是神性的靈魂，被安置在擁有人類經驗的人體內。每當你學習新事物或嘗試新東西的時候，無論那是什麼，都是一次教育靈魂的行動。當靈魂變得有教養時，它就進化了。

不過，我知道你可能在想什麼。「靈魂進化嗎？我以為目的是愛！」是的，愛包括在內。靈魂在雙生火焰中認出它自己，於是愛自動自發。沒有其他選擇。不管怎樣，雙生關係的目的並不是愛，而是靈魂進化。

你不是只有半個靈魂化身進入這一輩子。你的靈魂是完整的，如其所是，而且你是完整的，如你所是，你的雙生也一樣。雙生火焰關係的重點不是要彼此相輔相成，儘管彼此相遇時的完整感覺時常會出現。重點是透過經驗和學習教育靈魂，以求進化到更高的意識層次。雙生與他人分享他們的經驗與資訊，作為進化過程的一部分。那是為什麼你會發現許許多多關於雙生火焰的資訊，雙生渴望分享他們處在純淨神性狀態的經驗。

當你邂逅雙生火焰時，那就是你所在的狀態。

振動

振動（vibration）是指能量來回或上下或繞著某個特定點快速運動。這種振動可能是隨機的或擁有截然不同的模式。對雙生火焰來說，振動的中心點是靈魂中的神性DNA。神性DNA有自己特定的運動模式，除了它的神性搭檔，不等同於其他任何運動模式。

這完全是因為你與雙生火焰在靈魂層次是相同的，你們內在擁有相同的神性、相同的靈性DNA，而那是其他任何人無法複製的。因為它的神性，雙生火焰振動是極高的，它比你將會體驗到的任何其他振動都更加深入、快速、深邃。當你邂逅雙生火焰時，你的靈魂將會經由振動知道它的夥伴。這點誰也幫不上忙，因為這個振動是相等的。

光之工作者

這個詞最常用來描述化身在地球上協助他人的靈魂，無論是透過靈性還是其他方法。往往，光之工作者（lightworker）被稱作「地球天使」，因為他們的協助可以在另一個人最需要的時候出現。對雙生火焰來說，「光之工作者」這個詞，描述協助或支援地球上其他人的行為，方法是：分享他們自己、他們的經驗、他們的功課。

他們運用知識和神性之愛，提升集體意識的振動，藉此協助地球上的其他人。

雙生火焰的論點

有許多支持、反對、談論雙生火焰的論點。重要的是要理解到，雖然每一個被創造出來的靈魂都有雙生火焰，但並不是每一個人對這個概念都有相同的理解。我在研究中發現了幾個不同的論點，我想我會在此囊括其中幾個且將它們各個擊破。

1. **「雙生火焰」與「靈魂伴侶」是同一回事：**這絕對不是事實。你可以有許多靈魂伴侶，他們在不同的時間點進入你的人生，以各種方式在你的旅程上幫助你。但你只有一個雙生火焰。

2. **我今生總是會遇見我的雙生：**「總是」這個詞非常主觀。比較實事求是的說法是，無論你的雙生是否在地球層面，你都會以某種方式遇見你的雙生。

3. **這整個「雙生火焰」的重點在於，自我之內的平衡。**沒有其他人參與：自我（self）是單一的單位，而單一的單位通常需要另一個單位來平衡。雙生火焰關係的整個重點在於靈魂進化，那開始於自我之內。這段關係將會澈底地改革靈魂的兩半。沒有其他選擇。有趣的是，雖然兩半相等，但他們也是獨立完整的。你不能只進化半個靈魂。那就像試圖將水倒滿底部有洞的水桶中。這些純粹是兩個有著相同靈性DNA和靈魂藍圖的靈魂。

4. **雙生火焰體驗，是介於個人的靈魂與高我之間：**高我（higher-self）是我們連結到肉身與靈魂的部分，它絕對參與其中，這不是高我唯一參與的事。雙生火焰關係是在靈魂層面，靈魂學習和進化，你不可能在這段關係中卻不以某種方式進化。那簡直是公然反抗雙生火焰的定義和目的。高我是這個過程的一部分，因為一個人如果沒有得到對自己的更高理解，就無法進化。

5. **雙生火焰是彼此的對立面，那是「異性相吸」一詞的由來：**雙生火焰具有完全相同的靈性DNA和靈魂藍圖。他們有相同的目標、相同的渴望、相同的功課要學習。當然，有時候他們能夠以截然不同的方式完成這類教育。雙生的核心相同，當然，他們不是同一個人，但他們的行為、思想、言語、目標、渴望、經驗，將是類似和平行的，他們情不自禁。

6. **動物不可能是雙生火焰：**動物通常（包括寵物）是靈魂伴侶而不是雙生火焰。然而，這並不意謂著，一或兩個雙生不能化身成為動物存在。雙生的靈魂進化目標，可能會需要一或兩個雙生化身為動物，才能進一步教育這個靈魂。舉例來說，雙生可以化身為公獅和母獅，或是一隻母貓和牠的小貓。另一種可能性是，一個靈魂可以化身為人，而它的靈魂搭檔可以化身為馴養家畜存在。然後，動物當然很可能被牠們的雙生火焰收養。談到雙生火焰，底線是一切皆有可能。

如何知道你遇見了雙生火焰？

雙生火焰關係是你感覺到最純淨的愛，因為在靈魂的核心是神性的愛。它不一定是浪漫的愛，除非那是你們彼此簽訂契約要來教育你們的靈魂的方式。它遠遠超出我們的頭腦可以指定，以及我們的心已經感受到的任何愛的定義。

你感覺到一份瞬間的連結，彷彿你一直在黑暗中行走，突然間，某人開了燈（這是你的靈魂認出它的振動搭檔的時候）。你有這樣的感應：你已經認識這個人一輩子了。你對對方充滿好奇，有種不惜一切代價靠近對方的渴望。此外，完整的感覺戰勝你，有時候，這種感覺可能是令人不知所措的。這些感覺不同於你以前體驗過的任何其他感覺或情緒，因為你實際上是在遇見自己的另一部分、你的搭檔、你的神性夥伴，這是上帝只為你創造的靈魂。

****

以下是雙生火焰關係的常見指標清單，在這份清單上可以識別和理解的項目愈多，證明雙生火焰關係的機會就愈大。

- 立即的連繫與連結，不同於你曾經體驗過的其他任何事物。
- 當其他人無法理解時，你們卻彼此理解。
- 心靈感應。
- 類似或相容的出生日期。
- 無條件的愛的感覺，令人不知所措，即使沒有道理，也不管你們認識彼此的時間有多長（又名「一見鍾情」）。
- 爆炸性的化學作用。
- 相遇（往往在年輕時）、分離、重聚。

- 在你遇見這人之前和之後，這人出現在你的夢中，對方也做過關於你的夢。
- 反覆出現的數字（11：11、444、333、777），圍繞著你遇見的這個人。
- 感覺好像你們一直認識彼此。
- 共享／共同的信念系統。
- 共享／共同的觀點。
- 性格上共享／共同／互補的優勢。
- 兩人的背景故事有相似點，甚至有可能「同時發生」，你們雙方在相對同一時間經歷了類似的事。
- 遇見這個人為你帶來更新和深度的目的感。
- 遇見這個人使靈性覺醒永存。
- 透過不尋常、未經規劃，或意想不到的情況相遇。
- 深度感覺到和覺察到神聖的連結或合一，那樣的事你以前不是沒有體驗過，就是不知道。

- 這一對是分不開的，始終以各種方式連結到彼此。
- 渴望全然敞開面對彼此，以及面對在你們的關係內共享的經驗。
- 實現雙生火焰在人世間的目的，也就是幫助人類。
- 自我實現你的靈魂的目的。
- 自我實現你的靈性道路。
- 所有業力的履行和解決。
- 所有層面的親密和友誼空前未有，不同於曾經體驗過的其他任何事物。
- 產生了解更多的渴望，不只了解這個另一半，而且了解你自己。
- 在你的人生中製造全然的動盪。
- 你感覺到完整，因為你遇見了你的靈魂的神性搭檔。
- 你感覺到對彼此的相互尊重。
- 無論你們認識彼此多久，注視著這個人、觸碰這個人，或與這個人相處，都完全自然而然。

- 在你們的關係中感覺到全然地滿足，什麼也不缺。
- 彼此間無條件的愛和理解。在沒有外界干擾的情況下，誤解少之又少。

關於雙生火焰關係，令人驚歎的事物之一是，它不必很困難。是的，事情很可能會完全改變，或感覺由內到外被澈底顛覆、向後倒退。只要單純地體認到且理解到，你們兩人在這裡都是基於同一個目的。

顯而易見的真相是，無論你們是否曾在人世間遇見彼此，雙生火焰都走著與你的道路類似的道路；你們雙方都有類似的功課要學習，都會感覺到愛和失落。假使你夠幸運，可以在人世間遇見你的雙生，希望你們可以彼此合作，度過那些事物感覺起來亂七八糟的時期。

家譜與世系的相似點

家譜（genealogy）是研究祖先之間連續的血統傳承。世系（ancestry）則是運用種族淵源研究你的祖先們。假使雙生火焰同時化身在人世間，他們往往在世系和家譜背景中具有幾個共同性。這個範圍可以從種族淵源到家族樹上的常用名稱。在某些情況下，就他們目前在人世間的存在而言，雙生火焰甚至可能有親屬關係。舉例來說，他們可能都有德國血脈，或雙方都可能曾經在類似的環境中長大。

既然雙生火焰是相等的，在他們目前這一世，雙生的世系和家譜背景，將會有幾個共同性。假使雙生之一已經過渡轉換或沒有轉世化身，那麼當然，在他們的前世存在中可以找到相似點。這裡有許許多多的可能性，多到證據似乎無窮無盡。

雙生可能會有以下的共同點：世系、出生地（包括國家、州、城市、出生環境，例如，雙方都在醫院外出生），在家族樹中共享的名稱，雙方都在類似的環境中長大（城市、鄉村生活或經常搬家），雙方都有類似的家庭生活（離婚、父母仍然在一起、多個兄弟姊妹或獨生子女）、更改名字、性格類似、共同的愛好或興趣。

假使世系有相似點，很可能外表會有共同性。假使雙生的外表有真正、名副其實的相似點，那些將是立即顯而易見且不可否認的。舉例來說，奇科與我在身高方面很相似，有同樣的自然髮色，穿同樣的鞋碼，外表有其他相似點。這些相似點的存在，一部分歸功於我們雙方共享的靈性DNA和靈魂藍圖。

這份清單並非無所不包，但它確實讓你開始好好考慮與雙生火焰有關的事。雙生在化身時，總是會有許多可以發現的全面連結。

第2章

雙生火焰的類型

雙生火焰有兩種類型：化身與非肉身。「化身」（*incarnate*）或「已化身」（*incarnated*），意謂著靈魂選擇了出生成為生命。化身的雙生火焰是兩個靈魂同時誕生進入存在。「非肉身」（*discarnate*）意謂著靈魂沒有物質形相。這表示，雙生之一在彼岸。這可以發生在當雙生之一選擇不化身轉世，且留在彼岸協助他們在人世間的雙生時，也可以發生在當雙生之一離開他們的物質存在，且過渡轉換到彼岸的時候。

有更多的焦點放在化身的雙生火焰上，這是因為找到且遇見一個人的雙生的渴望，往往鋪天蓋地且威力強大。沒有人真正希望在物質存在中有可能遇不到他們的雙生火焰，尤其假使你相信，雙生火焰關係是終極的愛戀，其他關係均相形見絀。確實，雙生火焰之間的連繫十分深刻和親密，而且那是任何其他關係都無可比擬的。這段神性關係是在靈魂層面與你的靈魂完全匹配，那是為什麼雙生火焰關係與你以前體驗過的任何其他關係都不一樣的原因。這段關係顛覆一切，允許它內爆成為混亂，然後從靈魂向外重新組合起來，這類進化是靈魂最真實的表達。然而，不應該只因為非肉身雙生欠缺物質性，就排除非肉身雙生的可能性。無論雙生在哪一個層面，雙生火焰之間的連結都存在。無論雙生之一是否有肉身，雙生之間的緊密連繫都在。

除了我自己的經驗，我最初的研究，缺乏關於非肉身雙生火焰的資訊。透過與地球上其他雙生會面以及分享他們的旅程，我了解，雙生火焰關係的最常見形式，涉及雙生在存在層面之間的分離。在彼岸的雙生協助他們在人世間的夥伴。功課仍然學習了，靈魂進化仍然達成了。這並不是說，雙生雙化身轉世的例子並不存在，尤其在地球上。他們確實存在。

比起以往，有更多的雙生火焰選擇同時化身在人世間。他們可能沒有覺察到彼此，也可能沒有見過面，但是他們已經雙雙化身前來學習和幫忙教育他人。這主要是因為，集體意識的巨大轉換和提升，已經為雙生火焰來到地球學習、提出問題、嘗試團聚打開了大門。

人們對雙生火焰這類概念，重新產生了好奇心。舉例來說，愈來愈多人正在調頻進入這個想法：真正與彼岸的靈溝通是有可能的。當我們轉換我們的個人意識且提升我們的振動，敞開我們的思維面對不同的想法、概念、可能性的時候，我們周圍的世界便相應地轉變，這是因為我們全都彼此相互連結，我將這稱作「靈性的骨牌效應」（spiritual domino effect）。

最能代表這個效應的事實是：從療癒到通靈等幾乎每一個療法類型中，現在都有許許多多的靈性從業者。二十年前，你可能會發現某個談話節目，有幾集有靈媒作為嘉賓。現在，有少量專門談論通靈的電視節目，甚至更多探索超自然和形上學主題（例如獵鬼）的節目。這是更高階的集體振動的結果，而雙生火焰對此的貢獻，不過是根據他們學到的功課分享知識。

目前，你可以在線上找到幾百個關於雙生火焰的網站和播客。當我開始研究這個主題時，情況並非如此。靈性的骨牌仍然每天都在溢出，正是在這股更高階的振動中，更多的雙生火焰正在被誕生出來且團結聯合。

化身的雙生火焰

回想一下，「化身」這個詞的意思是在物質上存在。當雙生火焰雙雙被安置在各自的肉身之內並體驗生命時，這種情況就會發生。雙生通常化身成為地球上的生命，因為地球是「學校」行星，靈魂來到這裡學習許多功課，經歷好幾輩子的過程。有可能雙生也選擇到遙遠銀河系中其他太陽系的另一顆行星，或許他們的功課最好在其他地方的存在中學習。不管怎樣，他們仍然轉世化身了，即使可能不是在地球上與他們的神性搭檔在一起。

儘管集體振動提升了，但是兩個靈魂雙雙化身在人世間，並不像人們想像的那麼頻繁。與你在人世間的雙生火焰相遇且保持持久的關係，是難得的特權。這是因為雙生關係是一趟有目的的旅程，旨在教育和進化那個靈魂。某些人可能不理解那份呼召，那往往是因為，雙生之一已經準備好迎接旅程的起起落落，而另一個雙生還沒有準備好。

這並不是說，你無法在人世間遇見你的雙生且與之有所牽扯。你絕對可以。通常當雙生在人世間相遇時，那是因為他們雙雙準備好要在旅程上一起向前邁進。在沒有遇見自己的對應版本的情況下，他們已經盡其所能學會了一切，因此他們需要自己的雙生才能繼續下去。此外，有時候無論情況如何，雙生火焰只是單純地想要在一起。他們願意一起度過雙生火焰關係的極端高潮與低谷，那並不是壞事。最好的教訓通常是在混亂中學到的。

在我提到下一組雙生火焰之前，重要的是要理解到，雖然這些雙生團聚了且生活在肉身的結合之中，但他們並不是沒有掙扎。雙生火焰關係是關於靈魂進化，所以當雙生團聚時，可能會有看似火上加油的情境。然而，無論這些掙扎如何，都有靈魂連繫指引他們度過難關。那份連繫是由他們靈魂核心的神聖靈性DNA建立的。

每段關係中都有起起落落，無論那份連結是什麼。雙生火焰關係內的雲霄飛車強度是無與倫比的，因為它發生在靈魂層面。此外應該要注意的是，整體雙生火焰振動高過你的自然振動，那往往會使一開始的團聚感覺非常奇怪。然而，有價值的事沒有一件是容易的。

禪妲與卡爾

我想介紹你認識另一組雙生火焰：禪妲與卡爾。他們在人世間的經歷，說明與雙生火焰一起出現的雲霄飛車關係。他們於一九七二年六月相遇，當時禪妲在卡爾工作的同一家玻璃纖維製造廠找到了暑期工作。當時他們倆都很年輕，只認識四個月就決定結婚了。禪妲與卡爾於一九七二年十月結婚。他們知道，兩人注定要在一起。

然而，在他們結婚的幾個月內，幾次的誤會，加上第三方的干涉，導致兩人儘管渴望在一起，卻產生了無法修復的裂痕。他們的所有嘗試都無效，導致兩人分居且最終離婚。禪妲當時懷著他們的孩子。

兩人之後與他人結婚，生了更多的孩子，但是都過得不快樂，而且他們渴望彼此，每天隨身攜帶使自己想起對方的紀念品。一九九〇年底，卡爾與第二任妻子的離婚終於完成。禪妲決定出手，因為她相信，她的女兒有權利認識親生父親。在卡爾的離婚文件寄到的當天，卡爾第一次能夠在雙方的生活中與他的女兒說話。這對禪妲來說是苦苦掙扎，因為這份新的溝通重新點燃了她的靈魂，但是她也有家庭。經過深度的靈魂探索，她向第二任丈夫提出離婚。一年後，禪妲與卡爾在分離了幾乎十八年後重聚並再婚。他們在一起，直到卡爾於二〇一五年七月去世為止。他們的道路並不平坦，雲霄飛車從未停止，那說明他們如何選擇了學習和進化，包括分開和在一起。

艾蜜麗與鮑比

另一則化身雙生火焰的實例是艾蜜麗與鮑比。他倆並不是在最好的情況下相遇。艾蜜麗剛剛與鮑比的朋友分手，夜裡外出，無法開車回家。艾蜜麗打電話給鮑比，請鮑比載她回家，於是第二天早上，鮑比帶著咖啡出現在她家門口。當鮑比與艾蜜麗建立了親密的友誼，且最終發展成不僅於此的關係時，鮑比仍身處另一段長期的親密關係中。

當艾蜜麗發現鮑比還與另外一個女人有親密關係時，她試圖與鮑比結束關係，但是她做不到。她已經愛上了鮑比，而且很難違背自己的原則和他在一起。最終，鮑比決定結束他的另一段長期關係，他和艾蜜麗結婚了。然而，這並不是發生在沒有許多考驗和磨難的情況下。

艾蜜麗這樣描述他們的關係：「它是一場大災難。我們的關係那麼的熱情，然而卻又那麼的反覆無常……需要時間才能讓他看見什麼是愛，而且讓他接受、承認、回報。」那是愛的工作，目前仍在進行中，他們愈是成長和相互學習，兩人的靈魂就變得愈有教養。

我們將在後續的章節，更進一步地討論這些情侶或配對，但是現在介紹你認識他們很重要。討論化身的雙生火焰時，重要的是要記住，當你們以任何類型的關係在一起的時候，它都是艱難的旅程。這兩段關係是完美的實例，說明雙生火焰振動之內，存在著不斷改變的雲霄飛車能量。

非肉身的雙生火焰

「非肉身」一詞的意思是，靈魂沒有物質臨在。換言之，非肉身的雙生沒有肉身。這是因為，他們可能已經從物質存在過渡轉換到彼岸，或原本就在彼岸，為的是協助他們在人世間的雙生火焰。雖然奇科與我同時在地球上化身了二十年，但我們卻屬於這一類。他幾年前去世了，而且從那一刻開始，就一直在我身邊，即使我沒有意識到那是他，或他為什麼在那裡。

在我研究雙生火焰期間，我最感興趣的是，閱讀關於如何與不在人世間的雙生火焰溝通的資訊。我剛開始研究時，這類資訊並不充裕。在我看來，與我的靈魂的另一半直接溝通的機會，意謂著我們可以變得更親近。

假使我們曾經在人世間以物質形相嘗試變得更親近，可能會有許許多多其他的抑制因素。舉例來說，在人世間的浪漫關係中，我們會是彼此的伴侶「類型」嗎？我不確定奇科心中是否有某一「類型」的女孩，但我確實知道，他不會是我迷戀的男人類型。這些限制性信念，很可能會阻礙地球上的任何溝通，以及當他在人世間時，我有可能遇見他的機會。彼岸沒有「類型」之類的東西。一切重點在於靈魂，無論在人世間的物質相貌如何，雙生火焰的靈魂始終是完美的搭檔。雙生完全沒有理由欠缺溝通或連結。

最容易達成靈魂進化的方法往往是，讓一個雙生化身在人世間，另一個雙生在彼岸，看著靈魂藍圖來幫忙指引他們的對應版本。即使你的表意識心智不知道你的雙生是誰，你的靈魂始終不斷地聯繫。我們將在形上學那部分更進一步地談論這點，但是有許多方法可以與你的非肉身雙生火焰溝通，不見得一定需要靈媒。

我知道有雙生透過歌曲名稱彼此溝通。舉例來說，我知道有一對雙生，其中一位在人世間，另一位在彼岸許多年。地球上的雙生簡單地請求彼岸的雙生，提供特定的歌名，而且他的要求必然每天得到滿足。我還知道雙生運用占卜形式，例如擺錘和通靈板（spirit board）與彼岸的夥伴溝通。這是我們將在本書後面詳細討論的概念，但我在這裡提到它，只是為了舉例說明其他可能性。儘管如此，我知道還有其他雙生利用靈媒協助他們彼此溝通。你總是可以選擇與你的雙生直接溝通，你只是需要看見那些可能性。

談到他們在人世間的雙生時，彼岸的雙生只有一個限制。表意識心智非常迅速，可以排除、封鎖或摒棄它不真正理解，或在任何方面嚇到它的事物。所以，彼岸的雙生可以一再嘗試達到目的，但是假使他們在人世間的對應版本無法或不會好好聆聽，那麼這就是妨礙雙生火焰關係的限制因素。

傑西與安迪

我想介紹你認識另外一組雙生火焰，傑西與安迪。雖然這兩個人有幾個共同的朋友，而且他們在同一座城鎮生活和工作，但是他們卻錯過了幾次彼此見面的機會。傑西是報導當地娛樂圈的記者，而安迪則大量參與劇院場景。傑西寫過幾篇不同戲劇和音樂劇的評論，而安迪都是其中的一部分，但卻從來沒有任何理由讓傑西專門採訪安迪。他們的共同朋友確信他們倆應該要見面，於是在他們的圈子中，「一個豆莢裡的兩顆豌豆」的說法，時常被用來形容傑西與安迪。終於，在多次嘗試安排這兩人會面失敗之後，他們的第一次約會全部安排好了，由共同的朋友亞倫主導這整件事。

在那次約會前兩天，亞倫打了電話給傑西，透露安迪突然去世的消息。在那一刻，傑西變得招架不住、情緒激動。他的身體從頭到腳顫抖著，而且他開始痛哭流涕，哭到身體不適。亞倫無法理解這種反應，畢竟，安迪是他的朋友，不是傑西的朋友。

幾天後，傑西再次打電話給亞倫，解釋他正因為安迪的去世而情緒崩潰。他完全不明白為什麼會發生這樣的事。大家都找不到對他們來說合理的解釋，所以他們倆決定來諮詢我，他們既把我當作朋友，也當作專業的靈媒。

諮詢期間，安迪給了我成為他的聲音的特權，讓他可以與亞倫和傑西溝通。當時安迪已經去世了幾個月，而他告訴我們，他發現他與傑西有獨一無二的連結：他們是雙生火焰。由於此時我還在深入了解這個概念，因此我建議亞倫和傑西諮詢其他靈媒，單純為了驗證。在大約六年的時間中，其他九個靈媒（他們對亞倫、傑西或安迪一無所知）都驗證了這份連結。

儘管當時傑西的反應沒有道理，但他發現，他變得如此情緒激動，是因為他的靈魂知道他的腦子所不知道的：與它相等的夥伴已經離開了物質生命。他的靈魂悲慟的是，地球上的這份物質連結。

傑西在他去世前的餘生，都在研究雙生火焰的概念和雙生火焰關係，包括協助我完成我自己的研究。透過我們的共同研究，他能夠進一步理解他自己的關係。於是他最終理解到，他開始撰寫戲劇和娛樂評論的整個理由是，安迪經由他們的靈魂連結拉近傑西。他們兩人都沒有分別以作家或演員的身分開始。然而，令傑西（以及亞倫和他們的朋友）著迷的是，他們彼此靠得多麼近。

你必須記住，雙生火焰關係是在靈魂層面。你們確實是一個完整靈魂的兩半（不過它們是完整的兩半），靈魂為物質生命的失去而悲慟。想想你對家庭成員肉身死亡的反應，你為他們悲慟。雖然悲慟是每一個人的個人過程，但你的悲慟來自你的靈魂。

現在介紹你認識傑西和安迪很重要，因為他們的故事表示，即使在肉身死亡之後，找到你的雙生、發現你們的連結、建立關係的過程也永遠不會結束。兩個雙生是在人世間，還是被地球與彼岸之間的帷幕隔開，都無關緊要。雙生始終相連，即使肉身的死亡也無法改變這點。

假的雙生火焰

假的雙生火焰是你相信某人符合雙生定義，但實際上，那人並不符合。你可能多年來相信你已經找到了你的雙生，但對方實際上並沒有共享你的任何靈性DNA，也沒有完全相同的靈魂藍圖。我們往往長時間努力搜尋我們的雙生火焰，因此當我們找到理想的伴侶時，便立即相信對方一定是我們的雙生。

假的雙生火焰是靈魂伴侶偽裝的。有時候，靈魂伴侶進入你的人生，而且他們體現你相信雙生火焰可能擁有的幾乎一切事物。你會注意到我用了「幾乎」這個詞，這是因為假的雙生火焰關係中少了什麼。它可能是欠缺共同的東西，或感覺並不充實滿意或不斷有分歧。在有效的雙生火焰關係中，什麼也不缺。

認出假雙生的可靠方法很簡單：假雙生不會為你的人生帶來使靈魂進化永存的正向

改變。當你處在關係當中時，這很難領悟到，但是它明確無誤。假雙生不會在你的人生中造成使靈魂進化永存的正向改變，這些改變適用於雙生雙方，不只是一方。

假使戲劇、爭執、痛苦、傷害或任何諸如此類的東西，就是存在你們關係之中的一切，而且它發生在沒有正向解答，以及你們雙方都沒有學到任何東西的情況下，那麼你就不是與你的雙生在一起。雙生火焰關係的整體目的是靈魂進化，推動彼此學習、成長和發展。假使這沒有發生，那麼無論你可能感覺到或相信什麼，你都不是與你的雙生在一起。

真實的雙生火焰關係，並非旨在傷害或導致雙生任一方陷入痛苦或悲慘。會有起起落落，就像在每段關係中一樣，但目標是要幫助彼此學習。舉例來說，虐待關係不可能是有效的雙生火焰關係。這可以是任何類型的虐待：口頭的、肉體的、性慾的、自戀的或情緒的，雙生火焰關係中沒有空間容納這類能量。

你必須記住，雙生火焰在他們的靈魂中是相同的，他們有相同的目標、理念、思想、個性、匱乏、需求、渴望。假使你與你相信是雙生火焰的某人處在親密關係之中，而且假使你有理由質疑這份連結，那麼很可能少了什麼，你或許應該重新評估你們的連結和關係。

第3章

雙方擔任的角色與經歷階段

在深入研究之前，重要的是要重申這個事實：你不是有靈性體驗的人類。你是神性能量構成的靈魂，被安置在由血肉和骨骼構成的物質臨在中。你的靈魂正在體會成長、學習、進化自己的人類經驗。

這具複雜的人體內有我們的靈魂，而我們的靈魂包含一個複雜的意識。它也是由能量構成的，從最小的DNA鏈到整個身體的肌膚外層，它全是能量，而能量保留資訊。

我們身體內的能量，對我們周圍的能量起反應，從我們的環境中的人們到我們坐著的椅子，一切事物都是由在不同頻率振動的能量陣構成的。與你的能量完全匹配的唯一其他能量是雙生火焰。這是因為你們擁有相同的靈性DNA。

當雙生團聚時，無論他們是化身或非肉身，你隨身攜帶的任何能量，例如痛苦、傷害、情緒包袱、恐懼、羞恥、憤怒或仇恨，全都會自動地浮上檯面。這是因為那類能量需要被清除掉，才能繼續進化和成長。假使靈魂陷入這些較低階的振動能量，或被這些能量掩蓋了，它就無法進化。這些能量無法與存在你的靈魂核心的神性之愛共存，後者是強而有力且極其高階的振動。由於在整體創造之中，沒有其他能量與你的能量完全匹配，所以若要協助你擺脫這類不再為你的最佳和最高利益服務的低階能量，最好的人選莫過於雙生火焰。

問題是，當雙生團聚且這股巨大的能量釋放發生時，他們完全不知道發生了什麼事以及為什麼。結果，旨在拉近彼此雙生的過程得到的效果卻恰恰相反，於是這創造出存在雙生火焰關係之內的「逃方」（runner）與「追方」（chaser）角色。

好消息是，雙生關係其實不必艱難。它聽起來總是困難重重，尤其是涉及角色與階段以及隨之引發的一切事物時。但是，假使你敞開自己，全然體驗發生在這段關係中的每一件事，那麼人生就變得輕易一些。

關係中的逃方與追方

逃方是指雙生之一無法處理雙生火焰關係的任何或所有強度。逃方撤離他們的雙生，那導致更多的痛苦，因為雙生火焰的自然傾向是拉近彼此，不是恰恰相反。有時候，那些強度可能會使雙方只想躲得遠遠的。

雙生火焰遇見彼此時，巨大的能量便開始自動釋放，那觸發了逃跑。這種能量釋放主要是由負面能量構成，因此一定會有觸發點。請記住，能量保留資訊，你的靈魂也做著同樣的事。在你的氣場內和你的靈魂中，有發生在你生命中的一切事物的能量足跡，而且這些可能很難重溫和釋放。雙生火焰關係往往因為這些觸發而遭到指責，因此雙生一方拒絕他們的對應版本。假使在這類能量釋放內存有拒絕的模式，這位雙生可能會將這段關係視為另一次失敗的設定。他們不知道這是不可能的。你與雙生火焰建立關係不可能失敗。自從你的靈魂被創造出來，你們的關係就一直在那裡。

追方是雙生關係中的和事佬。這是因為追方本能知道，一旦當前的危機結束，一切都會好起來。追方往往覺察到這個事實：逃方害怕放下熟悉和正常的事物，而那正是發生在雙生之間的這類大規模能量清理的結果。追方領悟到，這類能量是恐懼積累而成的，而最大的恐懼是拒絕。追方正在經歷完全相同的事，而且時常傾向於逃跑，但並沒有逃跑。

真實的雙生火焰一定會返回到彼此，別無選擇。他們在神性上相連，而且最常持續針對這段關係下工夫的是追方。雙生的任何一方，為邁向靈魂進化所做的任何努力，也會影響他們的對應版本。這意謂著，假使你是追方，而且你決定每天坐下來靜心冥想或找出方法，協助清除掉所有那些陳舊的能量，這將會對雙生雙方產生巨大的影響。釋放這類能量提升你的振動，於是你的雙生也會體驗到更高的振動。

藉由在雙生關係內保持和平，追方可以在能量上協助逃方放下觸發他們逃離雙生關係的能量。一旦逃方返回，雙生的集體工作便繼續下去。

經歷不同階段

在你閱讀關於雙生火焰的每一個地方，你不僅會找到逃方／追方的資訊，也會找到關於雙生火焰關係的幾個階段的資訊。無論雙生位在哪一個層面或行星，這些階段都會發生。愛絕不會結束，無論雙生之間發生什麼事，這些階段是靈魂進化的路線圖。

不要期待在一生中抵達每一個階段，使靈魂進化往往需要幾次嘗試。相反地，有時候你的靈魂已經努力了生生世世，為的是達成初期階段發生的能量清理。在目前的化身中，那可能意謂著，雙生可能會更快速一點通過這些階段。

以下是我理解且經歷過的階段。我相信有八個階段，因為「8」是無限的數字，而雙生火焰是永恆的。

第一階段：認出與覺醒

雖然雙生的靈魂瞬間認出且知道彼此，但他們的表意識心智卻沒有任何線索。遇見並認出雙生火焰觸發覺醒，不只是雙生的覺醒，而且是自我的覺醒。我將它比作在遊樂園排隊，你知道自己即將搭上雲霄飛車，但是在親身體驗之前，你其實不知道該期待什麼。

覺醒是由靈魂深度渴望朝靈魂進化邁進觸發的，而且，一旦觸發，雙生便開始在能量上融合，往往是透過脈輪校正對齊。這是必不可少的，因為一個雙生體驗到的事，另一個雙生也會體驗到。

努力通過這個階段的關鍵是信任，信任你自己和你的感覺。最重要的是，信任你的靈魂認出它的完美搭檔。當真正的雙生火焰彼此相遇時，不可能會有錯的。

第二階段：揚升

你坐在雲霄飛車的車廂中，繫好了安全帶，而車廂正在移動。這個階段是一切開始由內向外澈底顛覆的階段。與你的雙生連結將會帶來一個能量的過程，它將所有曾經被壓下去且深埋在你裡面的東西都帶到表面。所有這些能量都浮上檯面，才能好好處理、從中學習、放手，這使你為雙生火焰結合做好準備。

努力通過這個階段的關鍵是放鬆，你正在經歷創傷留下的情緒和感覺。要做出釋放所有這一切的表意識決定，且允許自己這麼做。你的雙生一定會在你身邊，而且知道對方正在經歷與你完全相同的事也很有幫助。

第三階段：學習與進化

你在雲霄飛車上的車廂內，雲霄飛車上上下下、繞圈、上下顛倒、扭轉。這是一切都暴露出來的階段，你深深沉浸在你的情緒的能量流動中。假使你有引發任何心煩的觸發點或按鈕，它們將會現身。你也可能會發現且發掘，你可能有源自於前世創傷的觸發點。由於對浮上檯面的一切事物心懷恐懼，這種情況帶著驚人的強度發生。

恐懼完全支配這個階段，因此重要的是要記住：感受一切並好好釋放（F.E.A.R.）。學習成為釋放過程的一部分，因為你可以從經驗中學習且讓自己變得有教養。舉例來說，你可以確切地得知，為什麼某些情境仍然會觸發你。

努力通過這個階段的關鍵是要記住，雖然恐懼在此完全主導，但是比起抵抗，順其自然是比較容易的。這裡的趨勢是將事物推到一邊，或忽略導致大量痛苦的事件或境遇。將它們推到一邊對你沒有任何好處，它們會用復仇的方式回到最前線。

第四階段：逃跑

我把這個階段比作在雲霄飛車上生病。你胃裡的所有東西都溢出來，而且阻止不了。沒有學習與進化階段，這個階段不可能發生。一切都來到表面，而且正是在這個階段期間，雙生的一方決定要逃跑，再繼續下去太痛苦了。有憤怒、蔑視、評斷、抵抗等等強烈的感受，以及十分可怕的恐懼，害怕被拒絕。雙生雙方可能會在這個過程期間體驗到這些感覺，因為有許多可以釋放、學習、害怕。

通過這個階段的關鍵，是單純地理解到，擺脫所有這些長久以來一直壓抑在內的東西，可以清理陳舊和停滯的能量。這麼做允許雙生變得在能量上且往往在肉體上更加彼此親近。這是主動一起合作，邁向靈魂進化的起源。

第五階段：臣服

你從雲霄飛車下來。你的衣著可能有點糟，但你成功堅持到最後，而且總的來說，這是一趟難以置信的體驗。

在此，臣服並不意謂著「放棄」。它反而意謂著，你可以放下痛苦和恐懼，看見更多的正向性進入雙生關係。在第三階段釋放的負面情緒愈多，這個階段就有愈多的能量空間帶來更高階的振動，例如喜悅、和平、愛。

雙生不再對抗或陷入負面性，自然而然的正向流動，反而在他們之間打開，他們的關係改變成沒有恐懼的關係。這樣的雙生在能量上像磁鐵吸引金屬一樣吸引著彼此，而不是想要逃離或彼此追逐。此外，雙生雙方都不再害怕被拒絕，他們領悟到兩人永遠在這段關係之中。

努力通過這個階段的關鍵，是信任與相信，不管別人說什麼或做什麼，你與你的雙生是牢不可破的團隊，要相信它。

第六階段：挑戰

彷彿雙生需要另一個挑戰，對吧？在這種情況下，這並不意謂著還有另一座攀登起來很辛苦或很艱難的山脈。它反而意謂著，雙生將會彼此推動，超越自己的極限，而且幫助對方跳出框框思考（一切都帶著愛），達成他們的目標。

在這個階段，雙生往往會彼此分離，為的是在自己的人生中找到立足點。這與逃離關係不同，反而是雙生雙方做出的表意識決定，確保他們在個人的生命中踏上正確的軌道。它未必表示肉身的分離；可能是雙生雙方都休息一下，暫且不再學習彼此的功課。

真正的雙生火焰永遠不會分開，它們在神性上始終相連。

當雙生返回到彼此身邊時，他們這麼做是為了在兩人的旅程上永遠站在彼此身邊。

在這個階段，不再有「我」或「你」，而是「我們」。

導航這個階段的關鍵是要記住，你為自己所做的工作，也總是會在能量上轉移給你的雙生，你正在拋光那顆等於是你們的靈魂的鑽石。

第七階段：覺照與融合

雙生火焰能量的融合，開始於第一階段，它是覺醒的一部分。然而，在這個階段，融合超越脈輪，包括能量的交融。直到每一個雙生的能量足夠清明，不至於因為這樣的融合而毀壞彼此的系統，這樣的交融才可以完全發生。有時候，尤其如果雙生之一在彼岸，這是雙生可以沾染上彼此習性或說話模式的階段，也可能會有以前不知道的共同身體特徵浮上檯面。你知道那句格言：「我們在一起的時間愈長，就愈相像」嗎？它通常講的是已經在一起幾十年的情侶，這是雙生火焰如何在物質上表達他們的靈魂相等和酷似的一個實例。

在這個階段，也是心靈感應以及以各種完全有可能的方式，彼此連結的能力呈指數型增長。在這個階段，雙生的連結往往十分緊密，因此他們可以存取彼此的記憶、感覺、思想，乃至完成對方的句子。

在這個階段，雙生經歷了另一次更加強而有力的覺醒。這次覺醒不包含前一次覺醒所擁有的觸發點、按鈕或恐懼，這反而是一次彼此的覺醒，只能被定義成照見（illumiating）。正是在這次覺醒中，你體驗到、看到、感覺到、知道，關於雙生火焰，一切皆有可能。沒有牽絆存在。一切都是攤開的，供彼此體驗。

對於雙生是非肉身的人們來說，這個階段可能同時發生在所有其他階段。這是因為你們有能耐直接與對方溝通，沒有任何障礙或塵世的限制性信念。當你處在夢境狀態時，你也可能會接收到夢境溝通，或是你的雙生的記憶。沒有需要「存取」這些，因為它們可以無償提供。這些共享的訊息往往會有許多相似點。這些共同性現在不再那麼驚喜，反而比較是確認。

我認為，可以肯定地說，這個階段對我和奇科來說並沒有停止，我們每天都對彼此了解更多。我們愈是學習、成長、理解彼此，我們就變得愈親近，我們的能量愈為交融。

在這個階段起作用的關鍵是要允許；允許出現的不管什麼事且接受它就是事實。在你們的關係的這個時候，你與你的雙生之間是沒有屏障的。沒有理由有任何屏障，沒有理由保守祕密或隱瞞任何類型的情緒或經驗，那全都是共享的旅程的一部分。

第八階段：結合

在這個階段，雙生放下了小我（ego）和恐懼，以無條件的愛在能量上聯合統一。他們不再是分開的，而是以一個整體運作。他們現在可以擔任光之工作者，向這顆行星散布愛的訊息。

此外，因為結合，雙生可以更快速地邁向靈魂進化。快速地學到功課，快速地獲得知識，往往以閃電般的速度。沒有時間擔心恐懼或任何較低階的振動能量，這樣的結合創造了單一顆光體，而且它只能從最高階的宇宙振動（純愛）之中運作。

不要誤會，總是會有需要學習的功課。但是在結合之中，你已經學到了必要的一切，而且放下了同樣不必要的東西，才能成為雙生火焰關係中功能完善的夥伴。此外，你的思想、言語、行為全都合而為一，因為你與你的目的連成一氣。

奇科與我不會真的說我們「結合了」（in union），那是雙生火焰社群中流行的說法。人們相信，一旦你找到了你的雙生，你便自動地經歷所有階段，然後你們便完美地「結合了」。

我們認為，真正的光之工作者的工作永遠做不完。為了協助他人，我們必須願意成長、學習、進化，那意謂著，總是會有新的東西要學習。我們將它們視為一個整體來學習，因為我們在能量上是統一的。我們絕不會停止學習，你現在閱讀的內容是我們的能量結合的結果。

關於結合，那是從靈魂的開始便存在了。雙生始終相連，而且始終一體。其餘階段的作用，在於協助雙生變得更加親近彼此，以及清理邁向靈魂進化的能量之路。每一個階段都有功課，每一門這些功課都在教育這個靈魂。

PART 2

誰可能是你的雙生火焰

在第二部中，我們開始討論用於證明雙生火焰關係的各種方法。我們將會從存在幾千年來的方法開始，包括生命靈數與占星學。

我們已經知道，雙生火焰關係的目的是靈魂進化，證明雙生火焰關係的目的是類似的。了解神性對應版本使改變與成長永存。對每一種方法來說，都有功課可以協助你獲得理解或增強你已有的知識。你完成的每一則計算，都會教育你的腦子和靈魂，從而協助靈魂進化。你愈是學習和成長，就變得愈親近你的雙生。這些方法將這份神性連結置於聚光燈下。

真實而有效的連結一定會自行顯現，這些方法只是幫忙將這類驗證帶到最前線。在許多方面，本書內討論的方法，萬古以來一直用於連結幾個主題，包括雙生火焰。我們蓄意讓這些方法變得簡單，方便其他人應用。我們描述的方法，可能不是你採用或熟悉的占星學和生命靈數方法。我們創造了應用它們的新方法，可以促進我們對雙生火焰的理解。本書中的每一種方法，都會在你與你的雙生的旅程上協助你。

忠告一則：假使你們正處在友誼、新戀情或任何類似情況的早期階段，請不要為了證明雙生火焰關係而開始詢問出生資訊。假使你第一次約會就開始詢問對方什麼時間出生，那可能會很尷尬。假使你相信你遇見了雙生火焰，請在開始處理這些方法之前，讓自己有時間好好認識這個人。你可能會發現，一切如此自然而然地流動，你甚至不必開口詢問。

在第二部結束時，你一定能夠創建自己的（以及雙生火焰的）生命靈數圖表和星象圖。你也可以從這些圖表得來的數據，獲得更多塊的雙生火焰關係拼圖。

第4章

生命靈數是你的「命數」

「生命靈數」（numerology）是研究人生中事物的數值，這可以蘊含在言語、名稱乃至概念之中。「生命靈數」也檢查特定事件與數字之間的相關性。這個方法的操作理論是，雙生火焰帶著相似點化身，而這些相似點可以用數字計算出來。這些相似點幾乎可以出現在涉及彼此人生的幾乎每一件事，從最小的事物（例如駕駛執照），到生命歷程或出生（和死亡）日期。

我們將會討論與雙生火焰有關的幾個生命靈數層面，開始之前，我們必須列出雙生火焰數字。這些數字定義存在於雙生火焰關係之內的能量，因此理解它們很重要。

雙生火焰數字

1叫做「合一數字」（oneness number）：這是因為它表示能量和靈魂的合一，不只是在所有靈魂之間，尤其是在雙生火焰之間。合一數字也可以象徵新的開始、新的能量、新的成長。對於踏上靈魂進化旅程的雙生火焰來說，這個意義是相當重要的。新能量總是有機會進入雙生的生命中，那將會打開進一步教育這個靈魂的大門。合一數字為雙生雙方保有敞開迎向這股新能量的空間。

7是宇宙數字：因為它象徵與宇宙的無限和神性連結。對雙生火焰來說，這個數字也象徵靈魂之間的神性連結。它是雙生的象徵數字，因為這個數字頂部的水平線建立兩個靈魂之間的連結，而這個數字的垂直／對角線部分，則表示靈魂雙方的合一。這個數字對雙生火焰很重要，不只因為它的象徵意義，更因為在雙生相遇時，這份宇宙的連結將會協助靈魂認出對方，無論雙生位於哪一個層面。

8被譽為無限數字：因為它象徵神性與永恆。在它有規律、直立的數字形相中，這個數字形成神性的8字形能量，那是在宇宙與靈魂之間運行的能量流，從而創造出不斷的連結。對雙生火焰來說，數字形式的數字8，代表當雙生聯合時開始的自我旅程。雙生火焰關係的設計，旨在首先針對自我下工夫的內部旅程。這項內部工作也將會使你做好準備，迎接與雙生火焰一同邁向靈魂進化的旅程，這是雙生火焰關係中已安排好且自然而然的一部分。

數字8橫躺，對雙生火焰來說意謂著更深層的含義，這被稱作無限符號，而且意謂著雙生火焰之間牢不可破的永恆連繫。數字8也指出你生命中意味深長或重大的改變。與雙生火焰相會且一起運作，無論你的雙生在什麼層面，就改變人生的層次而言，都很重要。

現在，我們從大師級雙生火焰數字開始。這些數字被稱作大師數字，因為比起個位數字，它們的自然能量在更高的振動被放大。他們的能量也保有空間，可以在雙生火焰關係之內創造療癒和顯化。

在所有與雙生火焰有關的數字中，大師數字11最受認可：我簡單地把這個數字稱作「雙生火焰大師數字」（twin flame master number）。許多時候，這個大師數字以11：11的形式出現，那通常是你邂逅了雙生火焰的信號。以這種形式書寫的大師數字，意謂著雙生雙方的放大能量結合了。回想一下我們關於神聖男性與神聖女性的討論。當靈魂一分為二時，每一半在DNA之內都有這兩種神性能量。當我們給出這個能量數值時，每一個靈魂都是由一個11代表。假使靈魂邂逅他們的神性搭檔，數字與能量會是相同的。因此，雙生火焰相遇的數字表現是11：11。此外，假使你將11：11視為流動在雙生之間的能量書擋，那麼你可以看見，為什麼數字11也被稱作「雙生火焰的支柱」（Pillar of Twin Flame）。

數字22是「大師級建設者數字」（master builder number）：它是數字11的兩倍，表示靈魂進化功課的能量積累。無論這對雙生當時是否認識彼此，這些功課通常平行運行。情況也經常是，這些平行事件將會使雙生靠得更近，因為他們基本上在同一時間學習同樣的功課。可以這樣想：假使數字11代表一個靈魂，而1＋1＝2，那麼大師數字22便是雙生雙方平行排列的視覺表現。

數字33是「大師級教師數字」（master teacher number）：這個數字指出渴望教授雙生已獲得的知識。之所以如此，是因為這個數字的任何變形，3、33、333、3333等等，都指出你已經自我授權賦能，不僅在雙生火焰關係之內，也在你自己之內。

這個大師數字也與更高界域有關，例如天使界域與揚升大師。舉例來說，耶穌、佛陀、孔子、聖母馬利亞、聖哲曼是幾位揚升大師。如此能量上的授權賦能使雙生雙雙敞開來，迎向與彼岸的更高界域一起工作，目標是分享已獲得的任何知識。

運用生命靈數的方法

若要運用生命靈數計算證明雙生關係，必須出現下列情況：重複的數字、雙生火焰大師數字、可以被2整除或計算最終等於2的算式、完全相同的數字，或是計算結果等於費波那契數列（Fibonacci sequence）上的某個數字。

出現這些計算及其結果，是為了示範雙生火焰的能量相似點。雙生一定會有重複的數字和大師數字，即使在最小的計算中也會出現。此外，通常如果雙生要在同一世一起化身，他們的生日必會內含11的元素，或它們之間可以被2整除。數字2是分解大師數字11得到的個位數，因此它被用來當作除數。

你將會注意到，假使你加總大師數字22與33之內的各個數字，這些數字也都可以被2整除：

22：2＋2＝4（可以被2整除且等於2）

33：3＋3＝6（可以被2整除）

雙生火焰數字8也可以被2整除，當你把另外兩個雙生火焰數字（1和7）相加時，結果等於8。在這個方法中，2是當紅數字。

我們也會討論雙生火焰生命靈數，以及分析生命靈數圖表。這個方法以同樣的方式應用這些圖表，重點在於計算結果的共同性，而且無論你選擇計算什麼，那些共同性可能出現在任何地方。

創建你自己的生命靈數計算

在本節中，我們討論如何創建你自己的計算。此外，我們將會參考大師數字、重複數字、以及涉及和結果是數字2的計算。重要的是要記住，這些數字大量出現表示雙生火焰的能量連結，它是雙生火焰關係拼圖的第一塊。

談到計算，你應該從容易的開始，從你知道的開始。假使你知道你的雙生的出生日期，你唯一需要做的是用數字把它寫出來，然後加總，直至得到個位數為止。舉例來說，假設你想要計算1970年12月31日。你可以這樣寫：12-31-1970。然後你會像這樣加總各個數字：1＋2＋3＋1＋1＋9＋7＋0。這等於24；2和4相加等於6。

數字6可以被2整除，因此你得到生命靈數拼圖的第一塊。老實說，不要像我一樣，立馬開始將你找到的每一個數字相加。剛開始的時候，請嘗試生日，然後也許轉移到週年紀念日、重大事件的日期或特殊的時間。

雙生火焰總會有共同性和相似點。這並不自動就意謂著，你們的生日將會雙雙加總成同樣的數字。事實上，你很快會發現，通常情況並非如此。不管怎樣，這個初始計算可以顯示，你是否走在正確的軌道上。請記住，你正在計算中尋找以下這些的任何一個：重複的數字、雙生火焰數字和大師數字、可以被數字2整除或等於數字2、鏡像或相等的數字。

這個概念是要尋找共同的線索，從出生日期開始，為的是在數學上證明你們不只是相容的，而且要證明你們是雙生。假使沒有一套計算、映射、占卜或證明雙生關係的方法，雙生火焰就不會化身進入同一世。那勢必達不到靈魂進化的目的。假使你已經來到了真正有興趣了解和證明雙生關係的時候，那麼毫無疑問，你一定會找到工具、方法、證據來證明它。

可以針對任何事物進行計算，這也有所助益。我有一頁頁各類事物的計算，從車牌到鞋碼，再到我們出生地之間的距離。從簡單的事物開始最為容易，例如你們的出生日期。不管那些計算是什麼，一定要記錄下來並保存好，所有資訊最終都會派上用場。

生命靈數計算實例

在雙生的關係中，雙生通常有重要的日期的數字重複、有大師數字存在或數字相同。這與你將哪類數字列為重要因素（生日、出生時間、駕駛執照號碼、社會安全號碼等等）無關。以下是我與奇科的幾則計算實例：

他的生日與我的生日相隔一一〇九天。假使將每一個數字相加，結果等於11，這是大師數字。你需要寫出完整的日期，運用月分和全年的數值，才能正確地完成這則計算。然後你會計算到個位數。這則計算最終加起來等於數字2，這符合前面討論過的理論。且讓我們繼續進行另一則計算。

我們的關係中最重要的日期之一是，他進入我的夢境並說「你好」的日期。那個日期是二〇〇六年六月六日。你需要把完整的日期寫出來，包括年分，才能正確地完成這則計算。

如你所見，這則計算最終加總等於數字2，這與前面討論過的理論相符，且讓我們繼續進行另一則計算。

我們的出生日期和時間，以及奇科的去世日期和宣布的死亡時間，也很重要。假使雙生火焰關係在人世間得到證明，那麼那段時間就是得到證明的時期，無論雙生在哪一個層面。若要幫忙證明人世間的雙生關係，最佳方法是利用出生日期、出生時間乃至死亡日期（假使你的雙生是非肉身的話）。舉例來說，我與奇科的出生時間加起來都是6。可以在計算中使用死亡日期和時間，因為這兩者標明這個靈魂在人世間的最終時刻。真實而有效的雙生火焰關係可以得到證明，直到靈魂在人世間的最終時刻為止。計算一下這些日期和數字，雙生火焰關係將會自行揭示共同性。

奇科的出生日期和時間＝9

奇科的死亡日期和宣布的死亡時間＝7

我的出生日期和時間＝6

現在加總這些數字：

9＋7＋6＝22（大師數字）

2＋2＝4

數字4可以被2整除，因此計算的結果等於2。

在此，我們在人世間共享的時間被計算且分解成數字4，它可以被當紅的數字2整除。因此，它確實指出能量的連結。然而，你做的計算愈多，就愈明白，它不只是一個連結，它是雙生火焰。

且讓我們只用我的出生日期和他的死亡日期再做一次這樣的計算，如此你就可以看見，無論你用什麼數字比較，都會發現相似點。

6＋7＝13

1＋3＝4

數字4可以被2整除，因此計算的結果等於2。

想想更多的計算實例，可以針對任何事情完成這些計算。你做愈多的比較，計算愈好。

我們出生的城市之間的距離等於二〇一六英里（三二四四公里），最短行車路線需要三十小時。我的計算將所有這類資訊加總：

2＋0＋1＋6＝9

3＋0＝3

3＋9＝12

1＋2＝3（重複數字）

我們來為我們的其他雙生火焰情侶或配對做幾項計算。當你可以細算加、減、乘或除的結果時，就能夠看見有無限的可能性。

傑西與安迪的生命靈數

安迪的出生日期和時間＝1

安迪的死亡日期和時間＝7

傑西的出生日期和時間＝2

傑西的死亡日期和時間＝1

現在加總這些數字：1＋7＋2＋1＝11（大師數字）

1＋1＝2

他們的生日相隔六七三五天。

6＋7＋3＋5＝21

2＋1＝3

安迪的駕照號碼加總之後得到2，傑西的駕照號碼加總之後得到9。

2＋9＝11（大師數字）

1＋1＝2

他們的出生地之間的距離是一六五英里（二六五公里），最短行車路線需要三小時。

1＋6＋5＝12

1＋2＝3

3＋3＝6

這個數字可以被2整除，因此結果等於數字2。

就這三項實例而言，我們看見大師數字11是他們的重複數字之一。我為他們完成了幾項計算，而我可以說，11、3、5、6、9是不斷重複的數字。

禪妲與卡爾的生命靈數

卡爾的出生日期和時間＝4

卡爾的死亡日期和宣布的死亡時間＝8

禪妲的出生日期和時間＝4

你會注意到，他們倆的生日加總之後得到相同的數字4。這就是可以作為雙生火焰關係指標的眾多共同性之一。你計算得到的相似點愈多愈好，現在，加總這些數字：

4＋8＋4＝16

1＋6＝7（宇宙數字）

出生日期相隔一四〇八天。

1＋4＋0＋8＝13

1＋3＝4

這個數字可以被2整除，結果等於數字2。

關於禪妲與卡爾，一個有趣之處在於，他們都結過兩次婚。我們來分解他們的婚禮日期。

第一次婚禮：10-14-1972

1＋0＋1＋4＋1＋9＋7＋2＝25

2＋5＝7

第二次婚禮：10-14-1991

1＋0＋1＋4＋1＋9＋9＋1＝26

2＋6＝8

兩次婚姻相隔十九年

1＋9＝10

1＋0＝1

現在加總這些數字：

7＋8＋1＝16

1＋6＝7（宇宙數字）

單是這些計算，宇宙數字7在這些結果中重複出現。其他重複的數字包括4、5、無限數字8。

艾蜜麗與鮑比的生命靈數

艾蜜麗的出生日期和時間＝9

鮑比的出生日期和時間＝4

值得注意的是，艾蜜麗與鮑比出生在同一年，而他們的生日相隔八個月（8是無限數字）。現在，且讓我們加總這些數字。

9＋4＝13

1＋3＝4

這個數字可以被2整除，結果等於數字2。

出生日期相隔二三八天。

2＋2＋8＝12

1＋2＝3

假使你從他們出生日期相距天數的計算結果取得這個3，再加上相距八個月，結果等於大師數字：

3＋8＝11（大師數字）

1＋1＝2

這只是做起來好玩的額外小小計算，但是當談到重複數字時，它確實被列為重要因素。讓我們再看另一項艾蜜麗與鮑比的計算。他們的婚禮日期是2018年7月28日。

7＋2＋8＋2＋0＋1＋8＝28

2＋8＝10

1＋0＝1

數字1是雙生火焰數字，在我完成的所有計算中，它也是重複數字。其他重複數字是3和4。

這套方法背後的推理堅持，雙生火焰在他們存在的每一個面向，都有相似點和共同性，而這些可以計算出來。當你找到的結果是重複數字、相等數字、大師數字，或可以被數字2整除的數字時，雙生火焰關係是顯而易見的。請記住，這是整幅拼圖的一塊，但至少它是容易辨認的一角。

費波那契數列

費波那契數列是與神性模式和雙生火焰有關的數學數列，這個數列遵循0、1、1、2、3、5、8、13、21、34、55……等等的模式。

它是反映在諸如神聖建築、音樂中的八度音階、玫瑰、松果或螺旋形貝殼等事物中的黃金比例。它是一幅圖示，旨在顯示神性的一體性，以及我們如何透過某個神性模式相互連結。這個數列的計算是加總前兩個數字得來的，從0開始。寫成數學規則，表達式如下所示❶：$xn=xn-1+xn-2$。你一定會立即注意到，在這個數列的數學表達式中，雙生火焰數字1和經常在場的數字2都存在，這是在雙生火焰計算中為什麼採用這些數字的另一個原因。

費波那契數列是大自然的普遍模式，也是神聖幾何學（sacred geometry）基礎的數字足跡，那是我們體驗到的神性自然造物，例如玫瑰和松果。神聖幾何學定義宇宙的模式（想想螺旋形、圓形、三角形、正方形、矩形）。沒有它，就無法定義桌子、盒子、金字塔之類的東西。

費波那契數列也出現在我們的物質DNA之中，顯示成測量值長34埃（angstrom，譯註：光譜線波長單位）寬21埃的螺旋形（神聖幾何學）雙螺旋。❷當你將雙螺旋的測量值相加時，結果是數字1。這是神性連結的另一個指標，而且它在身體的物質構成的細胞內。它是完美的實例，說明肉身體與靈性體如何親密地一起運作。

談到雙生火焰時，費波那契數列具體化現雙生火焰關係的數學表達式。一方面，這個數列從0（或完整的靈魂）開始，然後緊接著是兩次數字1，那指出相等的靈魂。另一方面，這個數列從大師數字11開始，那是為什麼這個數字是所有大師數字的最高振動。此外，如同之前討論過的，數字11是一個靈魂的數學表達式。

假使費波那契數列以另一種方式開始，那麼神聖幾何學的整個概念勢必永遠改變。雙生火焰也是如此。這解釋了以下概念：假使靈魂不相等，你們不可能是雙生火焰。它違背大自然和數學的對稱和傾向。可以這麼想：假使將一顆柳橙切成兩半，兩半是相等的，它們具有相同的設計和相同數量可以剝下來吃掉的橙瓣，它是神聖幾何學。你不可能把柳橙切成兩半，讓一半看起來像柳橙，另一半看起來像蘋果。那是不可能的，而且費波那契數列可證明這點。

註❶：Tia Ghose, “What is the Fibonacci Sequence?” LiveScience，最後更新二〇一八年十月二十四日，https://www.livescience.com/37470-fibonacci-sequence.html。

註❷：George Dvorsky, “Fifteen Uncanny Examples of the Golden Ratio in Nature”, Gizmodo，最後更新二〇一三年一月二十日，https://io9.gizmodo.com/15-uncanny-examples-of-the-golden-ratio-in-nature-5985588。

雙生火焰的支柱

我們已經知道數字11：11與雙生火焰有關。這個重複數字是兩個靈魂相遇的數字表示法。它也是根據在費波那契數列中找到的數字。這些數字被稱作「雙生火焰的支柱」。當你始終如一地看見11：11重複時，它通常是信號，顯示你已經邂逅了你的神性搭檔的能量。

這個信念的起源植根於畢達哥拉斯的發現。他所揭露的真相奠基於音樂理論，其中音符可以按照包括2：1（八度音階）、3：2（完美五度）、4：3（完美四度）在內的比例來制定，這與黃金法則和費波那契數列有關。八度、五度、四度形成音階和音程的基礎。

我們來簡要討論一下音樂理論。完美和諧的振動被寫成1：1（當你認為雙生火焰是彼此完美和諧的時候，這應該是不足為奇的）。一個八度音階是2：1，意謂著某物的振動頻率是原來的兩倍。舉例來說，畢達哥拉斯發現，撥動一根大小是另一根弦的一半的琴弦，會產生恰好高一個八度的音高。此外，撥動一根大小是另一根弦兩倍的琴弦，聲音聽起來會低一個八度。

八度音階是八個音調或振動的集合。假使你彈奏C大調音階（Do、Re、Me、Fa、So、La、Ti、Do），當你彈到高音C的時候，你完成了一個八度。假使你將一根弦分成三等份，那麼你將音高提升一整個八度加一個五度。將一根弦分成四等分，音高甚至更高。這形成完全五度和完全四度的基礎，那可以使用不同的公式與八度音階一起進行數學計算。簡言之，畢達哥拉斯的運作理論是，一切事物（包括音樂在內）都可以透過數學計算得到更好的解釋和定義。

畢達哥拉斯還推論，宇宙的所有部分，包括行星在內，都會根據彼此的距離和行星的軌道發出特定的音符。這些音符不僅可以被翻譯成數字，也可以被翻譯成數學計算。然後他應用這個理論來解釋數字有它們自己的振動，而且這些數字幫助創造和諧與平衡，或1：1。他的數字表和定義像這樣運作：

- 數字1代表一體性以及一切事物的起源。
- 數字2代表女人。
- 數字3代表男人。
- 數字4代表正義。
- 數字10代表完美，因為1+2+3+4=10。❸

畢達哥拉斯斷定，一切事物都從神聖的數字1開始。然後，隨著振動持續，它們會發展成為他所謂的「神聖四數字」（holy four），也就是數字1、2、3、4。這前四個個位數字相加等於10，那是完美的數字。❹

你一定記得，在我們簡短討論大師數字11期間，當一個靈魂被分成相等的兩半時，兩半都包含神聖男性與神聖女性能量。每一種能量都由數字1代表，這是靈魂的一半在數學上何以用數字11代表。畢達哥拉斯的理論是，每一件事物都從數字1開始，數字1代表一體性。有針對代表靈魂的數字進行的驗證。另一項驗證則是這樣的：畢達哥拉斯相信加總等於數字10的每一樣東西，10是完美的數字。假使我們將那個數字分解成個位數，我們就得到另一個代表靈魂的數字，這個理論證明靈魂在數字上是由數字11代表。由於這個數學理論中的數字僅表示一個靈魂加總起來是11，而且必須將兩個靈魂都列入考量，這是另一個11發揮作用的地方。兩個相等的靈魂便由11：11代表。

在費波那契數列上，也以類似的方式發現這個雙生火焰的數學表達式。在此提醒一下費波那契數列：0、1、1、2、3、5、8、13、21、34、55……

它從0開始，然後包括兩個1。這兩個1被認為代表雙生火焰，因為每一個數字1都是一個靈魂。不過，一個靈魂在數學上是由數字11代表，不是數字1。因此，若要使用費波那契數列在數學上代表和定義雙生火焰，我們必須使用它兩次。它可以被分解成

註❸：Encyclopedia Britannica, "Pythagoreanism"，二〇二〇年二月存取，www.britannica.com/topic/number-symbolism/Pythagoreanism。

註❹：Colin Wilson, *The Occult: A History* (New York: Random House, 1971), 209–211。

這樣：0代表完整的靈魂，而緊隨其後的兩個1，代表靈魂之內存在的神聖男性和神聖女性，也就是11。假使你做這則計算兩次，就會得到11：11，那是真實的「雙生火焰支柱」。

費波那契數列中的能量，與出生日期和出生姓名息息相關，類似於占星學。這些數列的計算，是制定出「生命靈數圖」特定部分的先驅。

計算期間，你將會發現，許多結果都是費波那契數列上的數字。假使只有你的數字符合費波那契數列，而你有可能的雙生火焰對象的數字並不符合，那麼這並不能證明你們是雙生火焰關係。雙生雙方都必須有計算結果符合費波那契數列的數字，這是因為它意謂著一體性與神性模式，以及神聖幾何學——以一種或另一種形式使用所有這一切，為的是闡明和照見雙生火焰關係。

因此，請花點時間找回，迄今為止為你自己和你的神性搭檔完成的計算。要設法確保將它們分解成個位數，然後與數列比較。你將會發現，許多數字會相互關聯。

生命歷程數字

當我們在下一節分解生命靈數圖表的時候，你將會讀到更多關於生命歷程數字（life path number）的資訊。但我想要撰寫一節專門談論生命歷程數字，因為它們本身，與生命靈數圖表分開時，也可以用來幫忙證明雙生火焰關係。

生命歷程數字，被認為是生命靈數解讀中最重要的數字。它的計算方法是：加總出生日期中的所有數字，再將這些數字簡化成個位數。生命歷程數字代表——你因為你的知識和行動吸引到的所有情境。生命歷程數字的能量將會伴隨你一輩子，因為它奠基於你的出生日期。雖然你可能會經歷使用當前的日期，和你的生日計算得到的各種週期，但是你與生俱來的生命歷程數字並不會改變，它的能量幫助形塑你的人生。

這個數字的設計目的，通常是要在你的靈性旅程上協助你完成自我修練。你完成的自我修練愈多，就愈接近準備好要與你的雙生一起開始行走這條道路。談到雙生火焰關係時，這個數字是強力指標，指出你根據靈魂藍圖化身所要學習的整體人生課題。既然這份靈魂藍圖是雙生火焰之間共享的，它應該是相等或相容。

生命歷程數字的基本含義如下。請記住，它們還有許許多多內容值得研究。不過，為了證明雙生火焰關係，基本含義就夠了。這些含義也可以應用於生命靈數圖表內的其他數字。

- 生命歷程數字1，擁有天生領袖的特徵。
- 生命歷程數字2，擁有和事佬的人格（往往是和平維護者）。
- 生命歷程數字3，意謂著激勵者，以及忙於溝通交流或自我表達的人們。
- 生命歷程數字4，適合學生、教師、熱愛學習的人們，也有能力在這個生命歷程數字內創造秩序與成就。
- 生命歷程數字5，象徵冒險家和執行者，以及去完成一個人想要完成的事物的行動與自由。
- 生命歷程數字6，是天生的養育者、諮商師，人格中有為人父母和負責任的一面。

● 生命歷程數字7，適合靈性求道者、靈異人士、擁有不拘泥於社會正常方式的個性的人們。

● 生命歷程數字8，適合傾向於成為商業領袖，或擅長在自己的人生中顯化想要和需要的東西的人們。

● 生命歷程數字9，是慈悲的人道主義者。

● 生命歷程數字11，與具有高度特異功能和直覺力的人們有關，他們也會擁有調解的能耐，就跟生命歷程數字2中的人們一樣。覺照（或開悟）和魔法，也將在他們的人格中扮演重要的角色。

● 生命歷程數字22，特徵是熱愛學習的人們或大師級建設者和有識之士。

● 生命歷程數字33，與大師級教師、創造力、見聞廣博的人們、天生的養育者有關。

雙生火焰化身時擁有相等或互補的生命歷程。這些數字本身可以是相等的，兩個都是偶數，兩個都是奇數，彼此可以整除，或可以被數字2整除。雙生不會帶著意義不匹配或彼此不互補的生命歷程數字化身。

若要找到這個數字，請加總出生日期中的所有數字，然後將它們簡化成個位數。假使你在計算時出現任何雙生火焰大師數字，要注意一下，因為其中蘊含額外的驗證。

- 我的生命歷程數字是7（靈性求道者）。
- 奇科的生命歷程數字是3（溝通者）。

我們是天生的領袖，運用個人的特點，與他人分享我們學到的資訊。換言之，我所尋求的是與他及溝通交流，反之亦然。你可以看見這些個別的生命歷程如何相輔相成，而且共同運作，達成靈魂進化的目標。

我們來分解一下其他雙生火焰情侶或配對的生命歷程數字。

傑西與安迪的生命歷程數字

傑西的生日是1950年2月4日。

2＋4＋1＋9＋5＋0＝21

2＋1＝3

傑西的生命歷程數字是3（溝通者、激勵者）。

安迪的生日是1958年8月29日。

8＋2＋9＋1＋9＋5＋8＝42

4＋2＝6

安迪的生命歷程數字是6（負責人、諮商師、養育者）。

需要激勵才能與他人溝通交流，也需要養育者才能負起責任和輔導他人，兩者共同為人類創造了一個慈悲的環境。

禪妲與卡爾的生命歷程數字

禪妲的生日是1954年12月12日。

1＋2＋1＋2＋1＋9＋5＋4＝25

2＋5＝7

禪妲的生命歷程數字是7（靈性求道者）。

卡爾的生日是1951年2月4日。

2＋4＋1＋9＋5＋1＝22

2＋2＝4

卡爾的生命歷程數字是4（學生、學習、老師）。

正是藉由尋求，尤其是在靈性上的尋求，我們學習。作為不斷學習的學生，讓一個人可以將所學到的知識教授他人。

艾蜜麗與鮑比的生命歷程數字

艾蜜麗的生日是1985年4月22日。

4＋2＋2＋1＋9＋8＋5＝31

3＋1＝4

艾密麗的生命歷程數字是4（學生、學習、老師）。

鮑比的生日是1985年12月5日。

1＋2＋5＋1＋9＋8＋5＝31

3＋1＝4

鮑比的生命歷程數字是4（學生、學習、老師）。

生命歷程數字必須相等或相容，才能證明雙生火焰關係。在此，他們是相等的。多虧他們的教育，學生才可以顯化出重要的內容（有時候也顯化出渴望的內容），這往往表示出色的業務技能和知識，它出現得自然而然。

雙生是永不可分的團隊

目前為止，在所有計算中，我都使用了幾個非肉身雙生的資訊。請記住，奇科、卡爾、安迪、傑西，都已經離開了他們的塵世存在。關於非肉身雙生，有幾點注意事項：假使雙生同時雙雙化身進入同一世，那麼使用這類資訊當然沒有問題。假使雙生之一離開人世的生命，將另一個留在人世間，那麼這位雙生的生命靈數圖表的能量，就結束在去世的那一刻。用於計算占星學與生命靈數的資訊，來自他們在人世間的最近一次化身，無論那是六個月前還是一百年前。

彼岸的靈魂不需要生命歷程數字或上升星座。生命靈數圖表與星象圖都像是時間的快照，描述雙生火焰雙雙化身在人世間。這個方法是有形的數學方法，可以證明地球上的雙生火焰關係。雙生不可能隨便在哪個地方出生進入存在，無論是在地球、火星、冥王星上，還是在某個遙遠的其他銀河系中，也不可能是別人的雙生火焰。從靈魂創造的那一刻起，雙生就是團隊。

簡言之，你的雙生是在彼岸或另一顆星球上都無關緊要。有某個時間點存在你們的靈魂的歷史內，那個時候，你們雙方都是地球上的人類。來自那一刻的資訊，正是最終被用來證明雙生火焰關係的資訊。

雙生不可能化身而不相容，因此，假使你對你的非肉身雙生的最近一世一無所知，你可以用你自己的資訊來確定某些資訊。假使我在不知道奇科的生命歷程數字的情況下，使用我的生命歷程數字為例，我了解我的雙生可能是學生或也許有方法傳遞知識的人。學生也是知識的探索者。而且因為我是靈性求道者，我的雙生不可能與我大相逕庭。事實證明，奇科確實是溝通者和知識探索者。他為無法替自己發言的人們挺身而出，而且與無數其他人分享他的知識。

請記住：雙生火焰始終彼此相連。你們絕不會分開，即使你們只有其中一方在人世間，總是會有機會了解你的雙生。這是不可避免的，因為，無論你的雙生在什麼層面，他們都會希望你知道他們的情況。通常，在諸如前世回溯或阿卡莎紀錄（Akashic Records）解讀之類的事物中，你可以發現更多關於你的雙生的資訊。從這些療程中，你可以發現關於你的雙生最後存在的資訊，而且有可能相應地計算生命靈數圖表與星象圖。

無論如何，你必須記住這個基本事實：你的雙生不會化身然後與你對立或在任何方面與你不相容。你們可能會分享許多信念與經驗，也可能會與同類型的人相聚（這些人的靈魂是你們的靈魂宇宙的一部分）。因此，關於你的雙生，即使你完全不了解任何細節，也必須知道他們在靈魂層面與你相等。

創建生命靈數圖表

可以從出生資訊和出生姓名的各個部分，創建一份完整的圖表。我學到了該如何從頭開始構建這些圖表之一。愈是針對這些圖表下工夫，我對圖表內雙生火焰關係的明顯程度就愈感到驚訝。

每一個字母都被指定一個數值，不過，並不完全是一到二十六，因為請記住，二位數被縮減至個數位。就這個方法而言，我們再來看看畢達哥拉斯。

雖然在生命靈數計算中也使用其他表格，但是絕大多數人偏愛「畢達哥拉斯生命靈數表格」（Pythagorean Numerology Table）。這份表格中有九欄，在第一欄中，你從字母A開始。你不斷用字母填滿數字下方的表格，直至填到字母Z為止。

畢達哥拉斯生命靈數表格

1	2	3	4	5	6	7	8	9
A	B	C	D	E	F	G	H	I
J	K	L	M	N	O	P	Q	R
S	T	U	V	W	X	Y	Z	

談到生命靈數圖表的時候，證明雙生關係的理論並沒有改變。你仍然需要尋找共同

的數字、雙生火焰數字、重複的數字、精確的數字。這份圖表為你列出這些數字，它也打開大門，讓人不只更深入地理解你們何以是雙生火焰，還明白如何定義你們的關係。

你們配置的這些數字愈多，事情對你來說就愈清楚。首先使用你自己的姓名和出生日期，來計算你的生命靈數圖表。一旦完成了你的生命靈數圖表，就可以計算你的雙生的生命靈數圖表。以下分解每一種數字的基本含義以及計算方法，也以雙生火焰風格解釋每一個數字，以便更進一步理解這些數字如何涉及雙生火焰關係。

- **生命歷程（出生力）數字**：內含你積累的所有智慧。你的生命歷程數字永遠不會改變且伴隨你一輩子。若要計算你的生命歷程數字，只要加總你的完整出生日期，包括出生年分的所有四個數字，然後縮減至個位數。對雙生火焰來說，這是你化身前來學習的整體人生課題的指標。它應該相等或相容，因為這個課題來自共享的靈魂藍圖。
- **出生日數字**：這個數字幫助你更加理解你要學習的重要功課，以及你的先天能力可以如何協助你。若要計算你的出生日數字，只要加總你的出生日的數字。舉例來說，假使你出生在這個月的25日當天，你會這樣計算：2＋5＝7。對雙生火焰來說，這個數字表示你們選擇學習的功課，包括個人方面和集體方面。這些應該是相等或相容的數字，因為這些功課始終相同。

- **所有字母數字**：這是你的出生姓名化成數字形式的能量，這也可以用於相容性目的。若要計算這個數字，請按照畢達哥拉斯生命靈數表格採用每一個字母的數值，加總你的名字、中間名、姓氏的所有字母的數值。對雙生來說，將你們的全名分解成個位數，使你能夠看見你們之間的個人與集體能量。你也會看見你們的整體相容性。請記住，雙生不可能化身成不相容。當雙生火焰具有完全相同的靈性DNA和靈魂藍圖的時候，那是不可能的。
- **心的渴望（靈魂驅力）數字**：這個數字連結你與你心中最珍視的事物，以及你最內在的渴望，它為你的人生目的和成功指路。若要計算你的心的渴望數字（又名「靈魂驅力數字」），請根據畢達哥拉斯生命靈數表格，採用每一個字母的數值，加總名字、中間名、姓氏的母音a、e、i、o、u的數值。假使名字中沒有其他母音，那麼字母y便算是母音。舉例來說，假使某人的名字包含yellow這個字，那麼y就不是母音，因為e和o是母音。對雙生火焰來說，這個數字應該是相等或相容的，因為它來自共享的靈魂藍圖。當數字之間的計算等於2或可以被2整除時，在此也表示相容性。你們雙方都知道你們想要什麼以及如何得到它，而且許多時候，你們想要同樣的東西，只是以有些不同的方式達成。

- **人格數字：**這個數字代表外界對我們的第一印象，以及這些觀點如何影響我們。若要計算你的人格數字，請採用畢達哥拉斯生命靈數表格內的數值，加總你的名字、中間名、姓氏的子音數值。假使名字中有母音，字母y在此便算子音。再者，雙生的這些數字假使不相等，應該也非常相似。假使人格在此差異非常大，那表示你還沒有找到雙生火焰。雙生不會帶著相反的人格化身。
- **表達（天命）數字：**這個數字表示你的人生和靈魂目標。它有兩個可以互換使用的名稱，表達（expression）與天命（destiny），但是基於我們的目的，我們將會堅持用表達。若要計算這個數字，請加總你的心的渴望數字與人格數字，然後縮減至個位數。

由於這個數字代表目的，因此對雙生來說，這個數字的相容性和相似點是必不可少的。雙生雙方的這個數字相加，表示可以在雙生火焰關係之內達到的整體人生目的。

- **第一子音：**這個數字提供你如何與外在世界打交道的洞見。這個數字是你的名字中第一個子音的數值，這個數值可以在畢達哥拉斯生命靈數表格中找到，這個數字與我們如何與外在世界打交道有關。對雙生來說，這只是表示相似點。這也可能是在靈魂層面，但更有可能是每個雙生對物質世界的反應。
- **第一母音：**這個數字提供你如何對你的靈性世界做出反應的洞見。這個數字是你的名字中第一個母音的數值，這個數值就位在畢達哥拉斯生命靈數表格上，這個數字與靈性和非物質世界有關。對雙生來說，在此確實必須有相容性，因為它與物質的關係較少，與靈性的關係較多。雙生在眾多層面連結，包括靈性層次。這個數字勢必指出，每個雙生如何處理他們在靈性和非物質世界中的旅程。
- **成長數字：**這個數字提供協助我們成長和發展的洞見。若要計算，請採用畢達哥拉斯生命靈數表格協助你，而且只加總你的名字的字母的數值。

- **安全點（習慣挑戰）數字**：這個數字識別我們感到不斷有挑戰的模式。若要計算，請數出你的名字、中間名、姓氏的字母總數。舉例來說，Leslie一共有六個字母，因此在這個計算中，我會用6來代表我的名字。數完這些數字後，將它們加總在一起並縮減至個位數。對雙生火焰來說，可能會有類似或相等的模式和行動。這是因為，雖然每一個雙生都會有學到的行為和回應，但是他們的行為和回應可能會很相似。
- **成熟度數字**：這個數字代表在日後的人生中，你將如何向外表達你自己，找到幸福、機會、充實滿意。這個數字是你的生命歷程數字與你的表達數字的總和。雙生火焰在此的焦點是，感知到每一個雙生如何達成個人和集體的目標和功課。這表示雙生在靈魂進化中所在的位置，這兩個數字愈接近、愈相容，達成的就愈多。
- **個人年數**：這是你目前的整體振動。若要計算這個數字，請加總你的出生月分、出生日、宇宙年數（見下一頁）且縮減至個位數。計算這個數字很重要，可以理解你今年應該要完成（或不完成）什麼。每個數字的含義如下。對雙生來說，這表示這一年的個人和集體目標。查看個別的數字時，雙生的數字應該是相等或相容。

1. 擁抱全新開始的能量。
2. 要有耐心對待你已經播下種子的事物。
3. 表達和創造力為你打開新的大門。
4. 花時間將你的人生的各個面向安排得井井有條。
5. 從種下的種子中獲益。
6. 聚焦在與他人的關係，以及與自己的關係。
7. 反省、回歸大自然、休息一下、向內看，才能有所得。
8. 由於反省和努力工作，現在是顯化的時候了。
9. 放下老舊，完成你還沒有完成的循環。

- **宇宙年數**：這描述當年的大致行星振動。若要計算這個數字，請加總當年的四位數字並縮減至個位數。對雙生火焰來說，它在數字上代表靈魂藍圖的一年。宇宙年數的含義與個人年數的含義相同。

- **個人月數**：這個數字代表你在當月的振動。若要計算這個數字，將當月的數值與你的個人年數相加，然後縮減至個位數。
- **個人日數**：這個數字指出靈性成長或自我照護的好日子。若要計算這個數字，請將你的個人月數與當日的數值相加，然後縮減至個位數。
- **個人月數和日數**：這些數字都參照個人年數的能量，只是將它歸結到月和日。這麼做基本上表示，那個月或那天會發生什麼事。這是你個人年度整體大拼圖的一小部分。對雙生來說，這只是另一種削減能量的方法。它也是強力指標，指出雙生在完成個人和集體目標時，到底在什麼位置。假使個人年數是目的地，個人月數和日數就是GPS。

生命靈數圖表比較

以下是奇科的和我的圖表，用的是我們的出生名字。請注意，這些計算是採用我們在出生時完整的名字、中間名、姓氏完成的。此外要注意，技術上，奇科的成熟度數字不算在內，因為他離開到彼岸了。不管怎樣，我計算了成熟度數字，且將它囊括在我們的圖表中，讓我們的圖表可以顯得完整（此外，結果它是一個重複數字）。

數字	萊絲莉（Leslie）	奇科（Chico）	總計	個位數	註釋
生命歷程	7	3	10	1	大師數
出生日	5	5	10	1	大師數
所有字母	6	8	14	5	重複數
心的渴望	5	7	12	3	重複數
人格	7	1	8	8	大師數
表達	3	8	11	2	分解大師數11
第一子音	3	9	12	3	重複數
第一母音	5	9	14	5	重複數
成長	8	9	17	8	大師數

數字	萊絲莉（Leslie）	奇科（Chico）	總計	個位數	註釋
安全點	7	6	13	4	可以被2整除以及等於2
成熟度	1	2	3	3	重複數
個人年數	6	5	11	2	分解大師數11
個人月數	7	6	13	4	可以被2整除以及等於2
個人日數	8	7	15	6	可以被2整除以及等於重複數
總計				55	

個位數欄內有許多數字在費波那契數列上。你也會注意到，在我們的圖表的整體組合中，顯然有多個大師數字、重複數字、可以被2整除的數字。現在，讓我們取個位數欄的總計且將其分解：

5＋5＝10

1＋0＝1

我們的整個生命靈數圖表分解成數字1。這個數字也在費波那契數列上，也是我們的重複數字之一。看見所有數字如何團聚，描繪出雙生火焰關係的數學圖像，真是令人驚歎。

我們來看看其他雙生火焰情侶或配對的生命靈數圖表。請注意，在他們的圖表中，我拿掉了個人年數、個人月數、個人日數，因為這些數字是不斷改變的。

禪妲與卡爾

數字	禪妲（Zenda）	卡爾（Carl）	總計	個位數	註釋
生命歷程	7	4	11	2	分解大師數11
出生日	3	4	7	7	大師數
所有字母	7	6	13	4	可以被2整除以及等於2，重複數
心的渴望	5	8	13	4	可以被2整除以及等於2，重複數
人格	2	8	10	1	大師數
表達	7	7	14	5	相等數，重複數

數字	禪妲（Zenda）	卡爾（Carl）	總計	個位數	註釋
第一子音	8	3	11	2	分解大師數11
第一母音	5	3	8	8	大師數，重複數
成長	5	7	12	3	
安全點	1	1	2	2	相等數
成熟度	5	2	7	7	大師數
總計				45	

個位數欄內有幾個數字在費波那契數列上。再者，幾乎每一個數字要麼是分解大師數、大師數、相等數字，或可以被數字2整除。因此，這可以證明我們的操作理論。我們來分解這個總計數字：

4＋5＝9

值得注意的是，數字4和5都是這兩位的重複數字。

傑西與安迪

數字	傑西（Jesse）	安迪（Andy）	總計	個位數	註釋
生命歷程	3	6	9	9	重複數
出生日	4	2	6	6	可以被2整除以及等於2，重複數
所有字母	3	2	5	5	重複數
心的渴望	5	6	11	2	分解大師數11
人格	9	3	12	3	重複數
表達	5	9	14	5	重複數
第一子音	3	4	7	7	大師數
第一母音	5	9	14	5	重複數
成長	8	6	14	5	重複數
安全點	3	2	5	5	重複數
成熟度	8	6	14	5	重複數
總計				57	

此外，這裡有幾個數字也在費波那契數列上。你可以再次看見所有類似的數字出現在這裡。每一個數字是大師數、重複數，或可以被2整除。我們來分解一下這個總計數。

5＋7＝12

1＋2＝3

他們的組合圖表加總等於數字3，這與他們的組合生命歷程數字9是相容的。你也可以用3除9，結果等於3，這是一個重複數。生命數字3是關於溝通、表達、激勵，那擁有協助他人的能量。生命數字9代表有慈悲心的人道主義者。這些彼此相得益彰，是雙生火焰關係的又一指標。

艾蜜麗與鮑比

數字	艾蜜麗（Emily）	鮑比（Bobby）	總計	個位數	註釋
生命歷程	4	4	8	8	大師數，也是相等數
出生日	4	5	9	9	
所有字母	9	8	17	8	大師數
心的渴望	2	3	5	5	
人格	7	8	15	6	可以被2整除以及等於2
表達	9	2	11	2	分解大師數11
第一子音	4	9	13	4	可以被2整除以及等於2
第一母音	5	6	11	2	分解大師數11
成長	1	9	10	1	大師數
安全點	2	1	3	3	重複數
成熟度	4	6	10	1	大師數
總計				49	

與我們的其他情侶或配對一樣，這裡有幾個數字在費波那契數列上。你一定會注意到，幾乎每一個數字是相等數、大師數、重複數，或可以被2整除。再一次，這符合我們的理論，當生命靈數圖表內有大量相似點的時候，雙生火焰關係得到證明。現在，我們來分解一下總計數字，看看我們得到什麼。

4＋9＝13

1＋3＝4

他們的圖表分解成為數字4，這是他們的重複數字之一。4也可以被數字2整除且整除後等於數字2。生命歷程數字4代表學生、教師、學習、成就；這與他們的組合生命歷程數字8是攜手並進的；數字8是顯化與商業領袖。另一個有趣的事實是，你可以用4除他們的組合生命歷程數字8，答案等於數字2。

檢查自己的生命靈數圖表，我們學到不少，但是談到雙生火焰關係時，最普遍的事情是，生命靈數一次將每件事分解成一塊。此外，它也讓你看見，每一塊如何定義雙生火焰關係。

＊＊＊＊

你現在覺得數字和數學很討厭，對吧？我知道我是覺得很討厭。你可以從現在開始添加數字，直到你的手指抽筋為止，於是你很可能會得到一整個範圍與這套理論及其證明完全相符的事物。

我計算了每一樣東西，從姓名到社會安全號碼，到駕駛執照號碼，到電話號碼。你計算得愈多，就愈會發現，無論你加、減、乘或除，真實而有效的雙生火焰關係都會顯而易見。無論是雙生火焰數、重複數、相等數，還是可以被2整除的數字，全都會逐漸清楚明朗。

務必將這些計算放在隨手可得的地方，因為再一次，它們全都只是理解和證明雙生火焰關係的總體目標的又一塊拼圖。

第5章

占星學的預測

占星學（astrology）是利用行星與恆星的位置、相位、對稱性，來預測行星與恆星對人們和事件的影響。❺這個方法的操作理論是，透過預測每一位雙生出生時星象圖上的共同性，可以證明雙生火焰關係。這些共同性表示每一位雙生正在耕耘的平行功課，以及他們在生命歷程中的共同脈絡。

這個方法檢查雙生的出生圖，且在表面上進行比較，它不需要立即深入鑽研占星大池的深處。真正的雙生在他們的出生圖中，一定會有你可以立即看見的指標。這個方法將會使用出生圖，來舉例說明雙生火焰關係的證據。我們將會著眼於共同性以及對沖相。

雙生火焰的目的是達成靈魂進化，因此他們不可能在光譜的對沖端運作或彼此對抗。沖相可能會彼此吸引，但雙生火焰並不是那樣設計的，因為他們在靈魂層面是相同的。通常，當沖相的兩人相吸時，那是靈魂伴侶進入你的人生，幫助你從不同的視角學習重要的事。

假使其他證據存在，沖相並不否定雙生火焰關係。沖相反而指出每一個雙生的個別特性，旨在協助靈魂進化。出生圖中存在愈多的沖相，需要發生的改進就愈多。較少的沖相特性，表示已經學到了功課，且對邁向靈魂進化的進展有更大的推動力。

出生時的星象圖

星象圖基本上是，靈魂某次特定化身期間在人世間的時間路線圖，它是雙生共享的主要靈魂藍圖的延伸。假使雙生雙方都是化身，那麼出生圖可以用來斷定靈魂在人世間的時候聚焦學習的內容。

你可以選擇自行研究星象圖，發現更深層的含義，那是我開始我的占星旅程的地方。奇科與我擁有幾乎相同的出生圖，那意謂著，我們帶著許多相似點化身。對出生圖

註❺：Merriam-Webster，"Astrology"，二〇二二年七月一日存取，https://www.merriam- webster.com/dictionary/astrology。

有基本的了解很好，因為深入鑽研它們，可以在許多不同的層面舉例說明更多的相似點。

不過，沒有必要理解出生圖中的每一個細微差別，就可以證明雙生火焰關係。在雙生火焰占星學的研究內，通常非常強調盡可能地深入研究出生圖。但是，當你停下來想想，事實上，星象圖只是靈魂藍圖的較小版本，這時，不用太過深入鑽研出生圖就可以看見共同的脈絡，是有道理的。

談到證明雙生火焰關係，重點並不是深入研究出生圖。當然，你可以一頭鑽進占星大池的深處，但是運用出生圖證明雙生關係的關鍵在表面。雙生擁有相同的靈魂藍圖，那是每一世星象圖的源頭。出生圖不會隱藏這個事實，也不會讓人很難看見雙生關係。星象圖不會要求你將每一件事物的範圍，縮小到最接近的度數。儘管雙生可能會選擇在他們的一生中以不同的方式學習，但目標仍然是相同的。只是查看這些出生圖，就可以反映存在的所有共同性。

假使一名雙生已經從他們在人世間的存在過渡轉換了，那麼他們在那個特定一生的星象圖就結束了。一旦超越了他們的塵世身體，無限的靈魂就不能被納入單一張的星象圖中。那個靈魂存在於時間和空間的許多方面，因此很難精確定位某個日期，並創建出有任何準確度的星象圖。就地球上的出生圖而言，你需要出生日期、出生時間、出生地。這根本無法從他們的肉身死亡的那一刻開始計算。他們還沒有化身進入在彼世的新生命，他們已經放棄了在人世間活出的生命。一旦那種過渡轉換發生，出生圖的能量流動便結束了。在那一生中再也沒有什麼可以規劃，因為已經結束了。

因為雙生火焰關係是在靈魂層面，所以出生圖就像靈魂以某種物質形式存在地球上的時間快照。好消息是，假使你趁這些靈魂在人世間活出物質存在期間，利用星象圖證明雙生火焰關係，那麼它得到證明了，如此而已。

雙生火焰不能化身進入某個生命並成為另一個靈魂的雙生。你們在靈魂創造時就是雙生火焰，不是在化身進入新生命的時候才是。無論雙生存在哪一個層面或哪一顆行星上，這點都無法改變。

收集出生圖資訊

重要的是要注意到，並不是所有雙生都會帶著非常相似的出生圖化身。奇科與我的出生星圖非常相似，我們將在本章稍後好好分析。相似點在我們的研究方法中表示兩件事：雙生火焰關係以及已經學到的功課。

雙生化身時會帶著雙生關係的每一個跡象，且以每一種可以想見的方式顯示出他們彼此的連結。顯而易見的地方之一在出生時的星象圖中。假使你與你相信是你的雙生的某人戀愛了，你可以利用這個方法來幫忙證明你們的連結。這不是唯一的證明方法；它是那個宏大拼圖中的一塊。它是重要的一塊，因此引出這個提問：「我如何得到我的雙生的出生資訊呢？」

假使你已經與你相信是你的雙生的某人戀愛了，你只需要詢問對方即可。知道對方出生的日期、地點、時間很有幫助，但是如果對方不知道時間，那也沒關係。你可以採用正午這個通用時間。我不會第一次約會就詢問這類資訊，但假使你與你相信是雙生火焰的那人，安全地處在任何類型的長期關係中，這是可以討論的事。

假使你不是處在可以得到這類資訊的位置，別煩躁。你還是可以運用這個方法，協助你踏上證明雙生火焰關係的道路。我們將會檢查只根據出生日期斷定相容性的方法。

從拿到你自己的出生圖開始，單從太陽星座，你就可以辨別某人可不可能是你的雙生。當雙生的整體目的是達成靈魂進化時，雙生在此不會有沖相。雙生火焰可能會採用不同的方法完成事情和學習功課，但他們不會彼此抗衡。

假使你沒有你的雙生的出生圖資訊（日期、時間、出生地），那麼你可以採用以下資訊來排除，僅根據太陽星座就知道不可能是雙生火焰的對象。你可能有靈魂伴侶進入你的人生，而對方的太陽星座與你的太陽星座對沖，但你的雙生的太陽星座不可能與你的太陽星座對沖。你們在靈魂層面完全相同，因此在研究你們出生圖內的每一項測量時，這點都會顯而易見。

黃道十二宮相關資訊

十二星座部分奠基於四個季節：春、夏、秋、冬。它們也部分奠基於火、土、風、水四大元素，以及基本（cardinal）、固定（fixed）、變動（mutable）的特質測定。然而，對這個簡單的測定法來說，時常運用星象圖上的完全對沖相。

牡羊座對沖天秤座。

金牛座對沖天蠍座。

雙子座對沖射手座。

巨蟹座對沖摩羯座。

獅子座對沖水瓶座。

處女座對沖雙魚座。

換言之，假使你是處女座，雙生火焰不可能太陽星座是雙魚座。那會使兩者完全對沖，因此貶損雙生火焰關係。

將以下黃道十二宮資訊放在手邊，它列出與出生星象圖相關的星座、宮位、行星的資訊，它也列出可以幫忙定義雙生火焰關係的三個占星合盤相位。這張圖涉及特質、極性、元素，作為比較出生圖的方法，在斷定星座是合相還是沖相的時候很有用。舉例來說，牡羊座有基本星座的特質，那自然而然地使他們傾向於發動改變。金牛座有固定星座的特質，那使他們想要保存。他們會自然而然地只基於這個特質而彼此對立，它們在元素方面也是彼此對立（火和土）。然而，當談到極性（陰／陽）時，它們確實相互平衡。同樣的金牛座可能會與處女座相處得更好，因為處女座具有變動的特質，那使他們有彈性，又與金牛座擁有相同的極性，而且在元素方面相等。

- **牡羊座**：3月20日至4月18日。牡羊座的守護星是火星，由星象圖的第一宮掌管。它的特質是基本，元素是火，極性是陽。與牡羊座有關的部分關鍵詞是行動和新的開始。

- **金牛座**：4月19日至5月20日。金牛座的守護星是金星，由第二宮掌管。它的特質是固定，它的元素是土，極性是陰。用於描述金牛座的部分關鍵詞是建設者和決心。
- **雙子座**：5月21日至6月20日。雙子座的守護星是水星，由星象圖中的第三宮掌管。它的特質是變動，元素是風，極性是陽。與雙子座有關的關鍵詞包括多才多藝和好問好奇。
- **巨蟹座**：6月21日至7月22日。巨蟹座的守護星是月亮，由第四宮掌管。它的特質是基本，元素是水，極性是陰。用於描述巨蟹座的關鍵詞包括有魄力和自我啟動。
- **獅子座**：7月23日至8月22日。獅子座的守護星是太陽，它的掌管宮位是第五宮。獅子座有固定的特質，它的元素是火，極性是陽。與獅子座有關的部分關鍵詞是有力、慷慨、衝動。
- **處女座**：8月23日至9月22日。處女座由水星守護，由第六宮的能量掌管。處女座有變動的特質，土是它的元素，極性是陰。與處女座有關的關鍵詞往往包括細緻、實用、可靠。

- **天秤座**：9月23日至10月22日。天秤座由金星守護，由第七宮掌管。天秤座有基本的特質，風是它的元素，極性是陽。描述天秤座的關鍵詞包括敏銳、無私、有直覺力。

- **天蠍座**：10月23日至11月21日。冥王星守護天蠍座，同時第八宮是天蠍座掌管的能量。它的特質是固定，水是它的元素，極性是陰。與天蠍座有關的部分關鍵詞是強烈、易動情、忠誠。

- **射手座**：11月22日至12月21日。這個星座由木星守護，由第九宮掌管。射手座有變動的特質，是火元素，極性為陽。與這個星座有關的關鍵詞是直接、誠實、真理探索者。

- **摩羯座**：12月22日至1月19日。土星守護這個星座，由第十宮掌管。摩羯座有基本的特質，是土元素，極性為陰。與摩羯座有關的關鍵詞包括務實、明智、勤奮。

- **水瓶座**：1月20日至2月18日。這個星座由天王星守護，由第十一宮掌管。它有固定的特質，是風元素，極性為陽。與水瓶座有關的關鍵詞包括革命與自由的追求者。

● **雙魚座**：2月19日至3月19日。海王星守護這個星座，由第十二宮掌管。雙魚座有變動的特質，是水元素，極性為陰。與雙魚座有關的部分關鍵詞包括神祕、敏感、忠誠。

比較出生圖的時候，以上這些有助於理解。在此，沖相可能表示有進一步的功課要學習，當然，發生在太陽或上升星座除外。我們聚焦在比較出生圖，為的是找到共同性和相似點，那將會證明雙生火焰關係。雖然我們會在表面上比較這些，但是知道你可以分析其他占星對稱的相位，找出更多的相似點，那確實有幫助。

我們討論了這個事實：出生圖內有證據顯示已經學到或尚未學到的功課。定義每一顆行星和所有十二宮位的含義也很重要。一旦你完成了你們的出生圖比較，你可能會有興趣發現，你和雙生火焰可能需要進一步探索的地方。此外，注意這點可能也很有意思：相似點也可以表示共同的人格特質或共享的經驗，以下是宮位與行星的簡要概述。

行星

太陽：一般象徵男性；代表本質的自我。

月亮：一般象徵女性；代表情緒、潛意識、本能、記憶。

水星：象徵溝通風格和推理

金星：代表愛情、美麗、吸引力、藝術。

火星：這是代表欲望、攻擊性、事業心、勇氣的行星。

木星：代表成長、繁榮、智慧、豐盛。

土星：這是組織與紀律的行星。

天王星：代表發明才能、獨立、原創性。

海王星：這是靈性、慈悲、心靈能力的行星。

冥王星：象徵更新與轉化。

宮位

1. **自我宮**：在這個宮位中的行星，影響你的個性以及他人對你的看法。這個宮位代表你的上升星座。
2. **金錢／財產宮**：這個宮位代表你對個人財富的態度，以及你如何積累財富。
3. **溝通宮**：這個宮位掌管你的環境中的所有溝通。
4. **田宅宮**：這個宮位代表你的家，與你的本性的根源有關，可以影響你的家庭生活。
5. **喜樂宮**：這個宮位主宰婚姻之外的戀情。
6. **任務宮**：這個宮位掌管你的日常工作、服務、行動，以及你履行這些職責的程度。
7. **婚姻宮**：掌管婚姻範圍內的一切人際關係，包括爭吵、分居、離婚。
8. **轉化與療癒宮**：這個宮位是金錢宮（第二宮）的對沖宮。這個宮位主宰一段關係擁有什麼，例如共同的財物。這個宮位也主宰我們轉化以及變得更強而有力的過程，包括性。

9. **重大理念的宮位**：這是思想和點子的宮位，包括我們在搜尋事物的哲學含義時所得到的經驗。

10. **地位宮**：這個宮位代表因榮譽和社會地位得到的成功。

11. **社群宮**：這個宮位掌管目標、希望、野心、人道利益、自我實現。

12. **潛意識宮**：這個宮位代表我們隱藏的自我，它的存在不同於我們日常的肉身自我和現實。

比較出生圖

談到出生時的星象圖，我們正在尋找非常簡單的資訊，尋找相等或相容的證據。實例包括相等或相容的太陽星座、相等或相容的月亮星座、相等或相容的上升星座（也就是第一宮），或占星各宮位內的相等／相容。

你們的合盤看起來不一定與我的和奇科的完全一樣，但你找到的共同性愈多，在雙生火焰關係內已經學到功課的跡象就愈強烈。我們來比較我和奇科之間的出生圖，以及我們在第1章討論過的其他雙生火焰情侶或配對。

萊絲莉與奇科

以下是我們的出生圖的合盤。請記住，這些只有在奇科去世之前才真正具有可比性。我們的出生圖幾乎相同。我們的出生資訊如下所示。

	奇科	萊絲莉
出生日期	1970年8月23日	1973年9月5日
出生地	奧勒岡州（Oregon）	伊利諾州（Illinois）
出生時間	12:03 p.m. PDT（太平洋時區）	10:43 a.m. CDT（北美中部時間）

行星/宮位	奇科	萊絲莉	出生圖結果
太陽	處女座	處女座	相等
月亮	射手座	金牛座	合相
水星	處女座	處女座	相等
金星	天秤座	天秤座	相等
火星	金牛座	獅子座	合相
木星	水瓶座	天蠍座	合相
土星	巨蟹座	金牛座	合相
天王星	天秤座	天秤座	相等
海王星	射手座	天蠍座	合相
冥王星	天秤座	處女座	合相
1	天蠍座	天蠍座	相等
2	射手座	射手座	相等
3	摩羯座	摩羯座	相等

行星/宮位	奇科	萊絲莉	出生圖結果
4	水瓶座	水瓶座	相等
5	雙魚座	雙魚座	相等
6	牡羊座	牡羊座	相等
7	金牛座	金牛座	相等
8	雙子座	雙子座	相等
9	巨蟹座	巨蟹座	相等
10	獅子座	獅子座	相等
11	處女座	處女座	相等
12	天秤座	天秤座	相等

正如你所看到的，我們的所有宮位都相等，但是只有四個行星相等。這並不表示理論錯誤，而是誇張了我們帶著許許多多相似點和共同性化身，多到不可否認。其他六顆行星在出生圖的表面彼此相容。這很真實，因為它們並不是彼此對立。

禪妲與卡爾

回想第1章，我們認識了一對名叫禪妲與卡爾的夫妻。我們也將他們的出生圖分解成表格形式，方便更容易看見他們的相似點。卡爾的出生圖沒有準確的出生時間，所以在比較兩人的出生圖的時候，我們不會配置宮位。我們正在他們的出生圖內尋找相等或相容的資訊。我們來看看，他們的出生資訊如下。

	禪妲	卡爾
出生日期	1954年12月12日	1951年2月4日
出生地	伊利諾州	肯塔基州
出生時間	12:12 a.m. CST（北美中部時區）	未知

行星/宮位	禪妲	卡爾	出生圖結果
太陽	射手座	水瓶座	合相
月亮	巨蟹座	摩羯座	沖相
水星	射手座	摩羯座	合相
金星	天蠍座	雙魚座	合相
火星	雙魚座	雙魚座	相等
木星	巨蟹座	雙魚座	沖相
土星	天蠍座	天秤座	合相
天王星	巨蟹座	巨蟹座	相等
海王星	天秤座	天秤座	相等
冥王星	獅子座	獅子座	相等

假使你需要產生沒有確切出生時間的出生圖，就用正午十二點。你將無法在出生圖內標出宮位的精確位置，但你能夠至少收集到相關的行星資訊進行比較。

你一定會注意到，他們的出生圖中在某方面不相容的情況少之又少。這正是你要尋找的東西。你需要能夠看見雙生在出生圖內有相似點。請記住，雙生不會帶著相沖的太陽星座化身，所以這是比較時首先要查看的東西。其他出生圖內的沖相（第一宮和月亮除外）表示還有功課要學習。

傑西與安迪

讓我們比較一下這兩者的出生圖。雙方出生圖的能量在他們過世時就結束了，但是你必須記住，假使你可以趁雙生雙方化身在人世間的時候證明雙生火焰關係，那麼它得到證明了。基於個人原因，我為安迪和傑西更改了兩條重要資訊。這些資訊用星號表示。因為我更改了這類資訊，所以我們只會比較行星。

	安迪	傑西
出生日期	1958年8月29日	1950年2月4日
出生地	印第安納州	印第安納州
出生時間	未知	1:26 p.m. CST（北美中部時區）

行星/宮位	安迪	傑西	出生圖結果
太陽	處女座	水瓶座	合相
月亮	雙魚座	巨蟹座	合相
水星	獅子座	摩羯座	沖相
金星	獅子座	牡羊座	合相
火星	金牛座	摩羯座	合相
木星	天秤座	金牛座	沖相
土星	射手座	獅子座	合相
天王星	獅子座	天蠍座	合相

海王星	天蠍座	射手座	合相
冥王星	處女座	天秤座	合相

在這份出生圖比較內，我們可以看見他們的宮位中沒有多少行星相等。因為這張圖表內有共同性，尤其是他們的太陽星座和月亮星座，因此找到許多仍然需要學習的功課並不令人擔心。

艾蜜麗與鮑比

這是一對雙生火焰夫妻的實例，其中雙生雙方目前都在人世間。他們彼此也有親密關係。重要的是要記住，與雙生火焰擁有親密關係並不是容易的事。靈魂進化絕非輕易的任務，它創造情緒和行為構成的瘋狂雲霄飛車，使雙生雙方的靈魂教育永久存在。鮑比的出生時間未知，因此，比較時我們只聚焦在行星上。

	艾蜜麗	鮑比
出生日期	1985年4月22日	1985年12月5日
出生地	田納西州	田納西州
出生時間	10:13 p.m. CST（北美東部時區）	未知

行星／宮位	禪妲	卡爾	出生圖結果
太陽	金牛座	射手座	合相
月亮	雙子座	處女座	合相
水星	牡羊座	天蠍座	沖相
金星	牡羊座	射手座	合相
火星	金牛座	天秤座	沖相
木星	水瓶座	水瓶座	相等
土星	天蠍座	射手座	合相
天王星	射手座	射手座	相等

海王星	摩羯座	摩羯座	相等
冥王星	天蠍座	天蠍座	相等

共同性與待學習的功課有一份平衡，這很迷人。它舉例說明兩人的個性搭配得很好，也是好指標，指出他們為什麼有時候會發生衝突。假使宮位內有更多關於共同性的資訊，我確信我們一定能夠分辨出他們目前正在一起努力的功課。

創建你的出生圖

假使你已經接收到這則資訊，那麼採用這個方法就必須有你的出生圖，可能還有雙生火焰的出生圖。過去運用高級數學計算和資訊手工創建星象圖，現在，有幾種自動且有效率的方法可以創建你的出生圖。我習慣一遍又一遍地多次檢查每一樣東西，也使用過以下所有網站來獲取占星資訊。你可以購買和下載某些程式。Sirius 是最好的占星程式之一；還有 Solar Fire Gold、Janus、Kepler 等。每一套程式都有不同的規格，可以為了進一步研究出生圖而更新和更改，花這筆錢是值得的。免費線上程式可以為你提供幾乎同樣多的資訊，而我使用過以下幾個免費線上程式：

- Astro Theme：astrotheme.com
- Astro Dienst：astro.com
- Café Astrology：astro.cafeastrology.com
- Astrolabe：alabe.com
- Astrolibrary：astrolibrary.org

我們在這個方法中採用的理論是，你會在星象圖內找到共同性。雙生火焰根本無法化身在星象上不相容。你必須記住，這兩個個別的靈魂是相等的。雖然出生圖中的沖相確實表示有一些功課待學習，但出生圖內應該還是有相似點的證據。星象圖是一生的路線圖，也是可以被映射出來的靈魂藍圖的一小部分，你也可以不顧一切地鑽研下去——如果你真的想要了解更多。

****

此外，請記住，這只是拼圖的一塊。若要完全證明雙生火焰關係，你其實應該運用收集到的所有數據，同時運用且貫徹所有方法，伴隨你自己的經驗。一旦你把這些片斷拼湊在一起，整個大局就會更加完整。

換言之，假使你沒有在出生圖中找到你正在尋找的所有相似點，請不要絕望。暫時將它製成表格。最終，你將會擁有更多資訊，多過你知道該如何處理的。我有不少巨型活頁夾，裡面裝滿圖表、方程式等等。

PART 3

如何認出你的雙生火焰

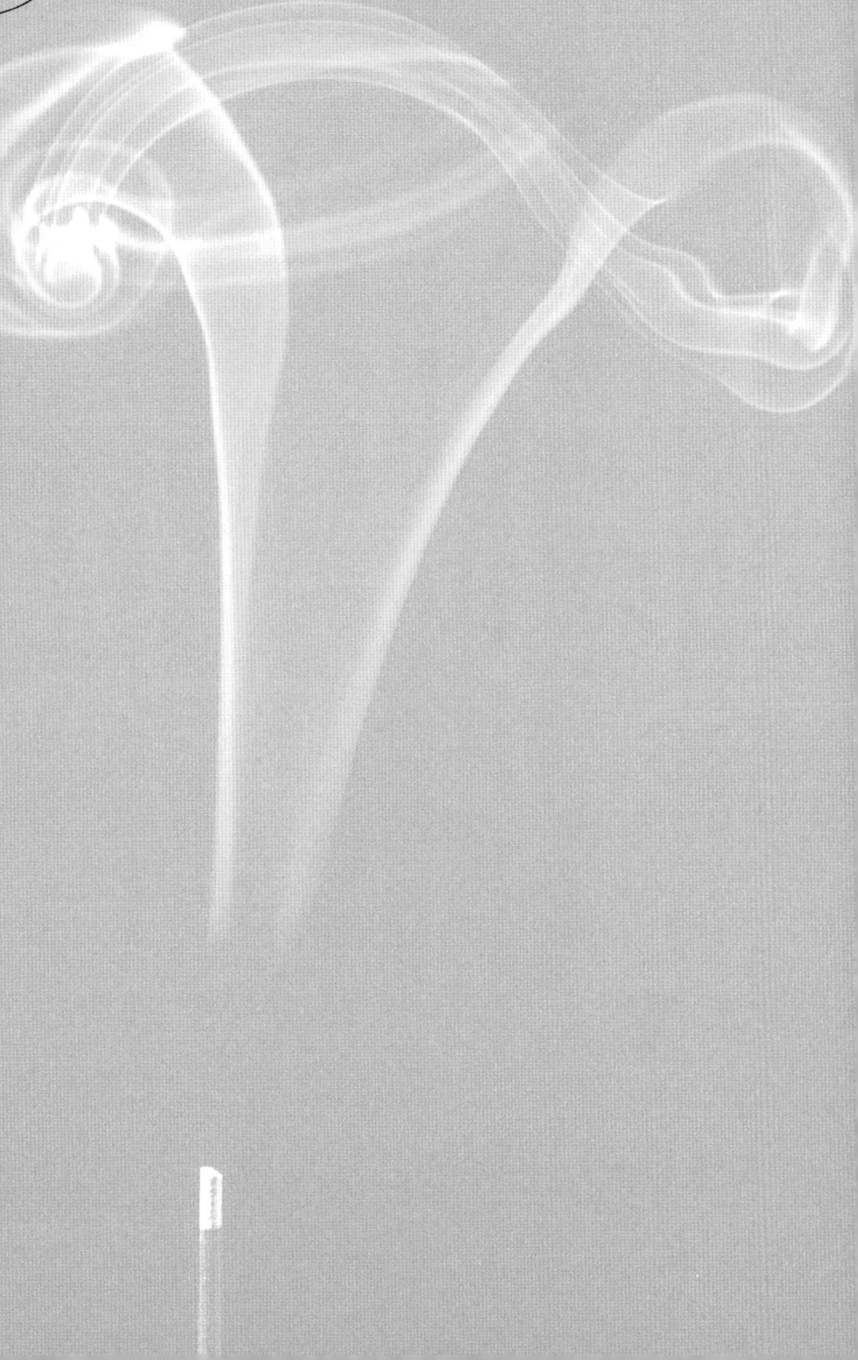

在第三部中，我們會更深入地討論證明雙生火焰關係的形上學方法。我們首先定義形上學（metaphysics），然後討論主脈輪系統、靈魂、高我，以及如何讓自己做好準備，才能完成這項工作。

第三部的方法，比占星學和生命靈數更加虛無縹緲。在占星學和生命靈數，採用諸如出生日期、時間、地點、出生姓名等實際證據導出結果的地方，這些接下來的方法，實際上需要的只是你的法定全名和你的意念，但所有這一切都很實用，而且會需要一些實際經驗。第三部的方法，將會使你對雙生火焰連結幾乎毫不懷疑。

在討論完形上學（包括如何提升你的振動，以及使自己扎根接地）之後，我們將會深入探究阿卡莎紀錄。阿卡莎紀錄是你的靈魂的歷史，而你可能會在這些紀錄內發現你需要知道一切事物，包括關於你自己、你的靈魂歷史、雙生火焰。我們也會討論使用阿卡莎紀錄直接與你的雙生連結，以及體驗雙生火焰旅程，那將會讓你看見到底該如何認出你的雙生。最後，我們會討論前世以及如何取用阿卡莎紀錄，以此發現更多關於前世的資訊，不只是你自己的前世，還包括你的雙生的前世。

我們也會討論經由占卜與雙生火焰連結（且證明你們的關係）的各種方法，那是一種形上學，在其中達成靈魂之間的神性連結。我們討論每一件事，從接收來自雙生火焰的信號，到甚至接收你的雙生的靈的畫像（即使你的雙生目前化身為人）。

完成第三部時，你與你的雙生將會在神性上無限地連結，你也會毫無疑問地證明雙生火焰關係。請記住，首先要慢慢地接近這些方法的實務做法。不需要急匆匆地完成任何事，尤其是涉及阿卡莎紀錄的更高振動時。只要允許自己接收且處在能量的流動之中，不要操之過急。

第6章

七脈輪與相匹配的振動

雖然對之前的方法可能有幾種不同的理解，而且其中某些可能使你覺得有意義，也可能令你感到沒道理，但是這些接下來的方法與其他任何人的理解無關。這些完全奠基於你自己的個人經驗。運用和理解任何形上學事物的關鍵是，你必須信任你接收到的內容，而且相信它，也相信你自己。我已將下述所有方法歸入形上學的範疇，這部分有許多內容，以及不少的實務工作，所以要做好準備。保持身心安適，然後再繼續。

形上學是研究我們的身體感官或任何類型的科學技術，還無法量測的人類經驗。其中某些形上學方法，能以某種方式被實質偵測到且被乙太體（etheric body）感覺到。你的乙太體是你的人類能量場的第一層，它與你的肉身體（physical body）直接接觸。

雙生火焰連結不是心智的連結，那意謂著，它不需要彼此實質相會（雖然實質見面很好），你們的連結是在靈魂層次。你的表意識心智可能會看見一位陌生人，但你的靈魂總是會認出與你相等的靈魂。當你貫徹這些形上學方法時，記住這點非常重要。

在我們繼續討論這些方法之前，讓我們回顧一下振動和接地。在接下來幾頁中，你將會讀到許多關於它們的內容，所以在我們深入探討其他內容之前，先談談這些東西的含義會是個好主意。

提升你的振動

一切都是能量構成的，能量在不同的振動層次運動。人類有不同的能量層次——肉身、心智、情緒、靈性——全都在不同的頻率上振動。所有這些頻率結合起來，構成你的整體自然振動，那是你的身體始終振動的地方。舉例來說，當你的肉身體發生改變或假使你處在某種情緒狀態時，你的振動便發生改變，因為它回應能量的改變。

談到能量時，基本原則是「同類相吸」。[6]因此，假使你周圍的人們不斷地為感情

註[6]：Kotsos, Tania, "What Is the Law of Attraction and How Does It Work?" accessed July 1, 2021, https://www.mind-your-reality.com/law_of_attraction.html。

大戲而活，或者總是生氣和不斷抱怨，那麼你的自然振動的回應，將會與那股低頻振動匹配。假使你身邊的人們大部分時間都快活、風趣、喜樂，那麼你的個人振動將會變得比較高，才能匹配那股正向的能量。

在任何類型的形上學能量之內運作，在我們的靈性振動中創造自然的改變。振動提高了，因為在較高的振動中運作，會自然而然地促使你的身體想要匹配那個振動。然而，你的身體太有感情，無法匹配那股非常高階的振動，於是你的靈魂接管且允許它自己擴展。它運用你天生的能量系統（稱作脈輪）做到這點，你的靈魂習慣於匹配那股高階的靈性振動。

主脈輪系統

這個系統從你的脊柱底部開始，穿過你的身體的中心，向上直達你的頭頂的中心。它被稱作「主脈輪系統」（main chakra system），因為它既供應又調節你的身體吸收的能量。我們時常需要清除脈輪從身體回收的陳舊和停滯的能量。當這類能量被清除且脈輪重新得到能量的補充時，肉身體、心智體、情緒體、靈性體便做出反應（而且往往感覺好上許多）。在你的肉身體和乙太體內有幾個較小的脈輪系統，它們與你的主系統和諧地一起運作。想想這與你的腦和循環系統有關，你的腦控制你的循環功能，讓血液輸送通過全身。

主脈輪系統調節你身體內的能量流動，它有點像你的能量系統的腦。正是透過這些天生的能量系統，我們的靈魂才能提升我們的靈性能量振動，達到物質以外的界域。討論主脈輪系統很重要，因為它有助於提升和降低你的自然振動。

頂輪

頂輪（crown chakra）的顏色主要是藍紫或紫色。當頂輪敞開接收時，它也可以是明亮的白色。它的位置在頭頂的中心，它的樂音（或是與這個脈輪內的能量流動有關的聲音）是B鍵，或固定唱名頂部的最高音Ti；那是從中央C開始的音階「Do，Re，Mi……」的專有名稱。

對肉身體來說，頂輪掌管腦和松果體，松果體被用作右腦的一部分，與彼岸的靈連結。對心智體來說，頂輪是覺知和你的意識的源頭。情緒體從這個脈輪得到它的靈性，而頂輪也是靈性體與神性連結的場所。儘管頂輪在四體之內有許多功能，但它的基本目的是與神性和宇宙連結。

眉心輪

眉心輪（third eye chakra）的主要顏色是靛藍，亦即深紫色／深藍色。這個脈輪也與天藍色有關，因為許多人想像天空圈住第三眼，它的位置在前額中央，兩眼之間，與這個脈輪內的能量流動有關的樂音是A鍵（或La）。

在肉身體中，這個脈輪掌管腦下垂體，腦下垂體位於腦的底部，非常靠近眉心輪的位置。腦下垂體被認為是身體的主要腺體，因為它控制大部分其他腺體，且調節極其重要的身體功能。❼眉心輪在直覺力和觀想方面也具有同樣的功能。一個人在乙太界域中體驗到的一切，都是這個脈輪靠觀想提供的。眉心輪幫助心智體清明。它也運用直覺、想像、洞見、觀想，協助情緒體和靈性體。除了與四體一起運作外，眉心輪的基本目的，是協助運用直覺能力以及連結到宇宙。

喉輪

喉輪（throat chakra）的顏色是寶藍，位置在喉嚨中央。在男性體內，它的位置直接在喉結後方。與這個脈輪的能量流動有關的樂音，是G鍵或C大調中的So。對肉身體

註❼：Society for Endocrinology，The,“Pituitary Gland”，二〇一八年一月存取，https://www.yourhormones.info/glands/pituitary-gland/。

來說，這個脈輪掌管甲狀腺，甲狀腺也是喉輪的鄰居，因為它們位在幾乎相同的位置。甲狀腺控制體內幾件事：新陳代謝、能量、體溫等等，它主要藉由分泌激素來控制這些。[8]喉輪依附在甲狀腺上，因為當這個脈輪堵住或阻塞時（因為一個人抑制著應該要被表達出來的東西），便完全切斷了身體的能量。這股失衡可能導致甲狀腺起反應，以及（例如）改變身體內的能量流動。

這個脈輪指揮心智體的溝通，表達自己的溝通，這可能意謂著說話、寫作、唱歌、在各種藝術形式內表達，它監督情緒體以及靈性體的真理概念。涉及通靈時，它也協助靈性體溝通。喉輪的基本目的是協助各種形式的溝通交流，促進自我表達。

心輪

心輪（heart chakra）的基本目的是愛。無論是對他人的愛或自愛，只要與愛有關，這個脈輪便是主宰。心輪的顏色是濃郁的翠綠色。想想電影《綠野仙蹤》（*The Wizard of*

Oz）裡的白花酢漿草（Irish shamrock）或「翡翠城」（Emerald City）。這個脈輪的位置在胸部的中心，受到胸腔的保護。它的能量與F鍵（或固定唱名中的Fa）有關。對肉身體來說，這個脈輪管理胸腺，那幾乎在胸骨後方同一個位置。胸腺的激素有助於增強身體的免疫系統，協助對抗感染或癌症。❾

心輪運用自我接納和自愛幫助心智體。情緒體在關係中使用心輪，包括家庭和浪漫關係。它也協助情緒體表達對情境、關係、人們、地方、事物的悲慟和依戀。靈性體受益於這個脈輪，因為時常利用它的能量感受來自彼岸的靈的愛。

註❽：Web MD，"Hypothyroidism"，二〇二〇年八月二十六日最後更新，https:// www.webmd.com/women/hypothyroidism-underactive-thyroid -symptoms-causes-treatments#1。

註❾：Lynee Eldridge，"An Overview of the Thymus Gland"，VeryWell Health，二〇二〇年六月二十四日最後更新，https://www.verywellhealth.com/thymus-gland-overview-4582270。

太陽神經叢

太陽神經叢（solar plexus）的基本目的，是自我主宰與直覺力。這個脈輪是個人力量之所在，也是「直覺」的保管者。太陽神經叢是明亮的黃色脈輪，位於胸腔底部與肚臍頂部之間的空間。這個脈輪的能量與E鍵或C大調中的Mi有關。太陽神經叢支配肉身體中的胰腺，胰腺在人體內有兩個作用，就是幫助消化和調節血糖。⑩

對心智體來說，這個脈輪協助回收、補充能量、站在個人的力量之中。當你站在個人的力量中的時候，你自信滿滿，可以掌控自己，抵抗霸凌或其他負面行為等較低階的振動。這也影響情緒體，因為太陽神經叢針對自尊和自愛與心輪一起連結運作。靈性體受益於這個脈輪內保有的強大直覺力。這個脈輪是與靈魂連結最緊密的脈輪，因此對靈魂（和靈）來說，它是透過直覺協助和指引一個人的直接管道。

本我輪

本我輪（sacral chakra）是明亮的橙色，它是創造力、性慾、情緒的所在地。它的位置在肚臍底部與臀部之間的空間，這個脈輪的能量與D鍵（或Re）有關。

它掌管肉身體內的卵巢和睪丸，它為心智體處理性別認同以及與食物的關係。我時常認為，這個脈輪是「負疚的快感」（guilty pleasures）脈輪，因為它監督情緒體的性慾、歡愉、罪疚。最後，它為靈性體帶來創造力。

註❿：Columbia University Irving Medical Center，The Pancreas Center，"The Pancreas and Its Functions"，二〇二二年七月一日存取，https://columbiasur- gery.org/pancreas/pancreas-and-its-functions。

海底輪

海底輪（root chakra）的基本目的，是提供安全和家的感覺。它的顏色是大膽、濃郁的深紅色，它位於脊椎底部。這個脈輪的能量與C鍵或C大調中的Do有關。對肉身體來說，海底輪掌管薦骨神經（幾乎在脊柱底部的同一位置）和腎上腺。這些腺體產生調節新陳代謝、免疫系統、血壓、壓力回應等等的激素。[11]

在心智體中，這個脈輪控制對財務、工作情境、家庭情況、信任課題的反應。對情緒體來說，海底輪管理恐懼、憤怒、攻擊性。最後，對靈性體來說，這個脈輪提供與家的連結。也往往是海底輪的能量，幫助我們扎根接地和歸於中心。此外，彼岸的靈通常利用我們的海底輪，幫忙我們在與靈溝通時感到自在。

連結到脈輪的冥想練習

嘗試與你的主脈輪系統連結很重要，因為這麼做將會幫助你理解到、體驗到、看到、感覺到它們的能量是什麼樣子，包括清明的時候以及不清明的時候。奇科與我創建了一個小小的練習，來協助你與你的脈輪連結。假使你以前從來沒有與你的脈輪們接觸過，這只是稍微跟它們「打個招呼」。也許在此之前，你從來不知道脈輪是什麼。也許你們有一段時間沒有聊天，此刻該是重新連結的時候了。

你對脈輪的體驗是個人的且獨特的，所以不要認為做這事有所謂的對錯。整個重點在於，連結到你的肉身體內的主要能量中心。要允許任何事發生，因為那是你在當下此

註⓫：Johns Hopkins Medicine，"Adrenal Glands"，二〇二二年七月一日存取，https://www.hopkinsmedicine.org/health/conditions-and-diseases/adrenal-glands。

刻獲得這種體驗的最佳方式。此外，要准許自己理解，隨著你每一次吸氣，色彩會變得更加鮮豔且旋轉得更快（就像正在旋轉的陀螺）。

一開始讓自己在安靜的空間中，不分心或無人打擾。做三次深呼吸，讓你的肺部完全盈滿空氣，然後呼氣，直到所有氣體離開你的肺部為止。隨著每一次呼吸，感覺你自己放下壓力，放下當天，放下當下此刻不必要的一切，只是允許你的焦點集中在你的身體上。

把你的焦點帶到你的脊椎底部，就在尾骨上方，想像一顆活躍、明亮、美麗、正在旋轉的紅色光球。與它同坐一會，允許它繼續旋轉。

現在，將注意力帶到向上大約七．五公分，也就是你的肚臍下方，想像一顆深濃、華麗的橙色光球正在旋轉。

將焦點轉移向上，來到你的肚臍上方。這是你有可能感覺到許多情緒的區域。當你說你有某種「直覺」時，你指的也是這個區域，想像這裡有一顆明亮、鮮豔、陽光黃的光球正在旋轉。

將你的焦點再往上帶一點，來到你的心臟附近的區域，就在你的胸部中央，想像這裡有一顆華麗的深翠綠色光球正在旋轉，當它餵養你的心的時候，它發出明亮的光芒。

接下來，將焦點移到你的喉嚨，也就是你的鎖骨之間的喉嚨部分，想像這裡有一顆美麗的寶藍色光球正在旋轉。當你體驗到這顆華麗的寶藍色光球時，你可能會覺得好像需要吞嚥或咳嗽。這沒問題，只要允許它。

將焦點帶到你的眉毛之間前額上的空間。這是你的眉心輪，想像這裡有一顆美麗的靛藍色光球正在旋轉，當它喚醒你的眉心輪時，它發出明亮的光芒。

最後，將注意力帶到你的頭頂。想像有一顆華麗、明亮、正在旋轉的藍紫色光球，從你的頭頂中心向外發光。這個藍紫色光球將你連結到宇宙。

一旦你允許自己體驗到七大脈輪，要深入地吸氣，感覺你身體核心內彩虹般的繽紛色彩。

你扎根接地了

扎根接地（grounded）意謂著，不只你的肉身體根植於地球，而且你的自然能量場和氣場也根植於地球。假使你沒有扎根接地，你可能會感到頭暈目眩、行將昏厥、失去平衡、精神恍惚或迷糊失神，有時候你甚至可能感覺好像你不屬於你的身體。

在你提升自己的靈性振動的過程中，肉身體要保持靜止。它只是容器，等待著靈性振動返回正常。它無法與我們一起旅行，因此這具身體必須保持扎根接地於地球。這也協助將我們的靈性振動帶回向下，脫離它酷愛旅行的高階振動能量。

你的靈魂喜愛造訪它的自然振動且時常這麼做，這種情況在肉身體睡眠或休息時更常發生。當你與更高的振動界域（例如彼岸）連結時，你的正常能量振動，並不是自然而然地像更高界域的能量振動那麼高。與更高界域的連結結束時，必須有一個舒適、歸於中心、令人愉快的地方可以返回，而那正是扎根接地的感覺；你正在歡迎那股高階振動能量返回正常的能量流。

有幾種方法可以讓自己扎根接地：你可以在靜心冥想時採用與地球母親的連結，在草地上散步或赤腳站在草地上，吃些穀物或燕麥製成的食品，吃一塊巧克力，擁抱樹木，想像樹枝從你的雙腳腳底長出去，將你向下拉到地球中，你也可以唸誦或吟唱「嗡」（om）這個字。

高我與靈魂

在更進一步深入探討更多形上學方法之前，重要的是要討論高我與靈魂。談到任何類型的與靈溝通以及與雙生火焰交流時，這兩者都牽扯在內。首先，我們來定義一下這兩者。靈魂是化身進入你的肉身體且存在你的肉身體內的神性能量。你的靈魂正在擁有人類的經驗，它總是連結到神性宇宙，而且經常發號施令。你的靈魂知道你挑選的道路以及你的神性目的。

高我是存在你的肉身體內的最高面向，它是你可以在可能最高的層次看到、體驗到、理解到的部分。它一腳在物質界域，一腳在靈性界域。高我收集可以被徐徐注入到你的表意識心智，且錨定在你的身體內的知識，它也可以接收來自你的靈魂的資訊。

由於高我始終連結到你的靈魂，你的靈魂可以餵養它來自宇宙的資訊。同樣的情況也適用於你的雙生。你的靈魂已經知道它的雙生是誰，所以它與你的高我以及你的雙生的高我，共享資訊是沒有問題的（請記住，你們在神性上是相連的）。這是何以雙生之間的溝通始終有可能，無論他們雙方在什麼地方。

順道一提，你應該始終請求許可，才能與別人的高我交談。不要以為，只因為對方是你的雙生，他們在這個層面便有意識或無意識地開放連結。假使你第一次詢問時，對方並不開放，請再試一次，但是不要強迫連結。結果很可能會一點也不好，你還會盜用了你的雙生的自由意志。

第7章

阿卡莎紀錄與你的靈魂歷史

阿卡莎紀錄是每一個靈魂的振動、能量的紀錄。它們貯藏關於你的靈魂、它的經驗、功課等等所有資訊，來自每一個化身經歷過的所有空間和時間。你不一定要相信輪迴轉世。我直到踏上這條靈性之路且經由阿卡莎紀錄見證到輪迴轉世，才開始相信輪迴轉世。無論你相信自己活了一世或許多世，阿卡莎紀錄都還是保有著——你的靈魂自誕生以來體驗過的每一時刻的歷史。

阿卡莎紀錄有許多其他名稱，以下是其中幾個：生命之書（Book of Life）、知識之書（Book of Knowledge）、上帝之心（Mind of God）、宇宙圖書館（Universal Library）、紀錄大廳（Hall of Records）、知識大廳（Hall of Knowledge）、能量紀錄（Energetic Records）、集體意識（Collective Consciousness）、靈魂的紀錄（Records of the Soul）。[12]無論你怎麼稱呼，那股能量都一樣。你的靈魂的歷史，存在於阿卡莎紀錄一座座的振動大廳內。

這個方法的操作理論是，雙生關係是顯而易見的，留存在阿卡莎紀錄內靈魂的歷史中。在雙生的靈魂誕生之初，他們在神性上就是相連的，而且這是位於阿卡莎紀錄內的第一則資訊。因為他們共享靈性DNA和靈魂藍圖，雙生火焰連結，可以單是藉由存取你的靈魂在阿卡莎紀錄內的振動來斷定。

這份連結往往在視覺上由連結到肚臍的一條繩索代表，就像臍帶一樣。這條臍帶由創造雙生火焰的相同靈性DNA和振動構成，因此無法連結到其他任何人，也不能被切斷、複製或偽造。

你將會學到存取阿卡莎紀錄的方法，但是，關於阿卡莎紀錄，我們還有幾件事應該要先了解。當你存取阿卡莎紀錄時，有幾點指導方針應該要遵守。首先且最重要的是，除非你的能量清明，否則不應該存取阿卡莎紀錄。假使你心煩，不管哪一方面，你就無法得到存取的權限。記住這個簡單的事實很重要。

註⑫：Jen Ermith，"The Records of Many Names"，二〇一一年七月十三日最後更新，https://akashictransformations.com/the-records-of-many-names/。

阿卡莎紀錄有已經設定好的指導方針，為的是協助你存取它們。遵守這些指導方針很重要，不要有任何一丁點的疏忽。必須好好練習這些，你才能維持阿卡莎紀錄要求的高標準。

1. 未滿十八歲的人不應該存取阿卡莎紀錄。阿卡莎紀錄要求你聲明對你接收到來自它們的一切負責，而年紀較輕的人可能沒有能力或本領理解這個概念。
2. 你必須准許自己開啟阿卡莎紀錄，且准許自己了解它將要與你分享的內容。當你准許自己時，你就是在接受你將要獲得的知識。
3. 你必須使用你目前的法定全名。阿卡莎紀錄的能量在今生是以你的名字錨定的，不妨把你的全名想成你的安全碼，確保你可以完整地存取你在阿卡莎紀錄內的能量。
4. 在存取阿卡莎紀錄之前，你應該持續至少二十四小時戒除飲酒或攝入非處方、改變思維的物質。你的心智和能量必須清明。
5. 選擇不會有人打斷的安靜地方，而且事先確定你希望在阿卡莎紀錄中花費多少時間。阿卡莎紀錄是極高的振動，因此剛開始的時候，你應該以五分鐘的增量存取它們。這會幫助你適應它們的能量，也可以避開阿卡莎頭痛，那是最初踏入阿卡莎紀錄的能量時，經常會發生的事。

6. 先決定你想要詢問哪些問題，再開始你的療程。阿卡莎紀錄並不是預言工具。也絕不會告訴你該做什麼，因為在阿卡莎紀錄中，始終尊重自由意志。你反而可能會接收到建議。這有點酷似徵求你的朋友的意見，不過阿卡莎紀錄是和平、愛、尊重的環境，沒有來自阿卡莎紀錄的評斷。

為了發現關於你和你的雙生的資訊，沒有必要存取其他任何人的紀錄。你需要的所有資訊都在你自己的紀錄中。

請注意，為了了解雙生火焰而開啟阿卡莎紀錄，並不表示你有資格為其他人提供解讀。你其實應該讓自己有時間徜徉在紀錄中，好好適應。你愈是花時間在阿卡莎紀錄中，就愈能調頻對準它們。現在的焦點應該集中在你自己和雙生火焰。

7. 未經他人書面或口頭的許可，你不可以存取另一個靈魂的阿卡莎紀錄。阿卡莎紀錄是振動、能量，而且不管你信不信，當你未經許可存取他人的紀錄時，對方會知道。假使你隨便進入，你得到的資訊很可能會不準確。涉及雙生火焰時，這點尤其真實。你不需要存取你的雙生在阿卡莎紀錄內的能量，它跟你的能量相同，因為你們的靈魂相等。

8. 你無法存取已逝者的阿卡莎紀錄。即使你是靈媒且可以徵得對方的許可，仍舊不允許這麼做。那類資訊屬於已逝者，他們保有在阿卡莎紀錄內存取自己靈魂能量的鑰匙，那就像在某人去世後閱讀對方的日記。發生在對方前世的事物不能為你所用，它只能幫助已逝者。若要斷定你與這些人的連結，可以為你自己開啟阿卡莎紀錄且提出明確的問題。你的靈魂有過的每一份連結，都包含在阿卡莎紀錄中你的能量歷史內。

9. 帶著意念開啟阿卡莎紀錄且始終記得要關閉它們。在開啟紀錄之前，先設定你希望了解什麼的意念。完成後，小心不要讓阿卡莎紀錄打開著。那麼做會使你感到不堪重負以及能量耗竭。你將會感覺到沒有扎根接地在地球上，而且唯一的補救方法就是關閉阿卡莎紀錄。

阿卡莎紀錄的準備工作

指導方針中已經列出了存取阿卡莎紀錄的一些準備工作，例如，有個安靜的地方、在療程之前不要飲酒甚至服用毒品、準備好你的問題清單。假使你比較願意談論自己的經驗，你還需要做筆記的筆記本或記錄你自己的方式。

有些人能夠看見圖像，有些人能夠在阿卡莎紀錄中聽見聲音，還有些人能夠感覺到事物或轉譯事物。體驗阿卡莎紀錄沒有特定的方式。對我來說，一開始在阿卡莎紀錄中只是看見像影片之類的東西。現在，我從阿卡莎紀錄中得到的一切，都化成書寫的形式出現。我寫出我的問題，然後開啟阿卡莎紀錄，於是我的手便由阿卡莎紀錄的能量流引導，開始書寫答案。

你應該考慮的最後一件事情是，讓自己做好準備，迎接這種更高的振動。由於我們有肉身體，而阿卡莎紀錄處在比這具身體更高的振動界域，我們必須提升自己的靈性振動，才能在阿卡莎紀錄之內有所體驗。提升你的振動的最快速方法是，將自己置於靜心冥想的心智狀態。假使你有另一種靜坐和提升振動的方法，那就太讚了。建議你讓它變得輕易不費力，因為你才剛開始讓自己進入輕盈的靜心冥想狀態。你仍然希望能夠允許你的表意識心智體驗到有能力完成必要的事，例如能夠開啟阿卡莎紀錄。你也想要確定，在執行工作的時候，你仍舊保持扎根接地。阿卡莎紀錄振動感覺起來（至少對我而言），就像你正在以光速旅行，那正是我做出這些指定的原因。這些指定並不是為了嚇唬你遠離探索阿卡莎紀錄，相反的，它們的設計旨在為你提供建議，我相信好好做準備。以下是我在存取阿卡莎紀錄之前用來讓自己做好準備的完整冥想：

安靜地坐著，閉上眼睛。吸入一口氣，讓空氣完全盈滿肺部，然後慢慢地把氣吐出來。把氣吐出來，直到肺部沒有留下任何氣體為止，這第一口氣息將會清理身體。吸進第二口氣，讓空氣完全盈滿肺部，然後把氣吐出來，直到肺部沒有留下任何氣體為止。這第二口氣息將會使頭腦清明。重複吸進第三口氣，使肺部完全盈滿空氣，然後完全吐出這口氣，直到肺部沒有留下任何氣體為止。這口氣息將會解放靈魂，使靈魂得到提升。

想像一束白光來自上方，穿透你的頭頂進入。這束白光流經你的身體的中心，將白光輻射到你整個身體。白光沿著你的雙腿和腳趾下行，從你的雙腳腳底的中心出去，向下流進地球母親的核心，在那裡與她的能量混合。然後那樣的混合物以美麗的琥珀色光束從核心流出，流回進入你的雙腳腳底，流經你的腳趾、雙腿、雙臂，再回流穿過你的身體的中心，直到它流出你的頭頂為止。你現在連結到所有無限，而且扎根接地進入地球母親。你現在敞開，準備好要接收。正是如此，一切如是。

存取阿卡莎紀錄

沒有單一的體驗，可以定義存取阿卡莎紀錄是什麼樣子。我無法告訴你應該感覺起來是某種特定的樣子，或看起來是某種特定的樣子，因為我體驗到的內容不一定是你體驗到的。你的經驗是你自己的，其實不應該由其他任何人來定義。然而，關於阿卡莎紀錄，有幾件事你應該要知道。

阿卡莎紀錄由一群高階振動的存有掌管，這些存有有時候被稱作「紀錄之主」（Lords of the Records）或「阿卡莎之光的保有者」（Holders of the Akashic Light），我稱祂們是「光之使者們」（Agents of Light）。答案沒有對錯，重要的是，要承認阿卡莎紀錄是有靈掌管的。這些記錄的設計旨在成為某種體驗，有可能刺激你的一或多種感官，不只是你的五種人類感官，還有你的「神通」（clair），那些是額外的感覺器官，代表存在於有形和物質之外的事物。這些感官是靈視力（clairvoyance，看見）、靈聽力（clairaudience，聽見）、靈感力（clairsentience，感覺）、靈認知力（claircognizance，知曉）、靈味覺力（clairgustance，品嚐）、靈嗅力（clairalience，嗅覺）。

要對出現的不管什麼事保持開放的態度，這一切都在你的感覺之中。那才是重點。要注意什麼與你起共鳴，什麼不與你起共鳴；那是你的靈魂試圖指引你，而且那不會誤導你。

有幾種方法可以存取阿卡莎紀錄，而獲得存取權限的多數人，通常都有自己獲得存取權限的方法。為了存取阿卡莎紀錄，我學到了某個特定的祈禱流程，包括為自己以及為他人。我最終把這個流程幾乎扔到窗外，因為我認識的其他每一個人都學到了同樣的流程，而且養成習慣，未經許可便存取他人的阿卡莎紀錄。我並不是介意分享我的「快樂阿卡莎小日記」當中的內容，但我希望，對於那樣的事如何及何時發生，能夠有些許的掌控權。我創建了自己的方法，也就是我即將與你分享的方法。

設定你的意念且指揮你的意識，擁有一套開啟和關閉阿卡莎紀錄的明確方法，才能獲得存取阿卡莎紀錄的權限。因為擁有這套開啟和關閉阿卡莎紀錄的方法，它也允許你熟悉你自己與阿卡莎紀錄的能量同在的感覺，且逐漸適應它。

我愈是與阿卡莎紀錄互動，就愈發現，對我來說，有一條比較輕易的途徑，讓我不僅能夠存取自己的能量，也能夠存取他人的能量。你甚至可能發現你自己的方法，讓你在存取阿卡莎紀錄時運作得更好，而且那是可行的。不過，一開始，我希望你可以隨意使用我的個人流程。務必大聲朗讀所有部分。在阿卡莎紀錄的浩瀚廣闊內，存取你的能量，你的聲音很重要。

開啟阿卡莎紀錄

神聖的光之使者們，

感謝祢們慈愛的臨在，我帶著敞開的心和開放的頭腦來到祢們面前，為的是在祢們無限的能量內探索特定問題的答案。感謝祢們的協助，請在祢們的指引之光內，指點我找到我的靈魂能量。我詢問這個問題，為我自己（在此補上你目前的法定全名）服務。

正是如此，一切如是。阿門。

阿卡莎紀錄現在開啟了。

關閉阿卡莎紀錄

神聖的光之使者們，

感謝祢們的愛、指引、智慧，我很感激我接收到的一切。

正是如此，一切如是。阿門。

阿卡莎紀錄現在關閉了。

****

你一定會注意到，我的開啟阿卡莎紀錄的流程，首先就有一個清晰而明確的意念，這很好，因為你並不希望在意念背後沒有目的的情況下開啟紀錄。在那股高階振動的能量內，有太多要見證。此外，這個流程的設計，只是為了開啟我在阿卡莎紀錄內的特定靈魂能量，它不會為其他任何人的能量開啟阿卡莎紀錄。

創建你自己的流程

你可以為了存取阿卡莎紀錄，而創建自己的流程。你愈是為了了解你的靈魂而存取阿卡莎紀錄，你就變得愈調頻對準那些紀錄的能量。這種自我調頻不允許你為其他人解讀阿卡莎紀錄的能量，那需要不同且更深層次的調頻。存取他人靈魂的歷史是莫大的特權與責任。

若要創建你自己的流程，務必從對光之使者們的祈請開始。你本質上是在請求來自祂們的許可，賜予你存取你的靈魂歷史的權限。這段歷史不會是從你的視角或你的眼睛來看。它是透過光之使者們的視角。因此，沒有評斷，祂們看見你，因你本是的美麗靈魂。接下來，感謝光之使者們的協助。畢竟，祂們正在將祂們自己奉獻給你，在你的道路上協助你。現在，請求祂們幫忙確保你安全地瀏覽阿卡莎紀錄，而且感激祂們的幫忙。務必囊括你目前完整的法定全名。最後，正式宣布阿卡莎紀錄開啟了。這是簡單且容易的方法，可以創建你開啟阿卡莎紀錄的初始存取權限。

不要忘記創建關閉阿卡莎紀錄的方法，這極其重要。再一次，對光之使者們說話，感謝祂們的協助，然後宣布阿卡莎紀錄關閉了。

就那麼容易。畢竟，這是你的靈魂的能量，即使你正在透過光之使者們的眼睛體驗它。

一旦你創建了自己的祈禱且做好準備，就表示你現在準備就緒，可以存取阿卡莎紀錄了。多數人立即感覺到能量的差異，其他人則緩慢地安心融入阿卡莎紀錄的能量。體驗這點沒有對錯之分。

第一次存取阿卡莎紀錄時，我感到招架不住，但那些感覺源自於完全不了解阿卡莎的純淨振動，那份純淨的振動，是光之使者們具體化現的。當你在阿卡莎紀錄的能量內觀看自己時，你會立即注意到，沒有評斷，沒有恐懼，你的靈魂將會感到自在而雀躍，而你將會得到可以帶著不偏不倚的眼睛，體驗你的靈魂的歷史的能力。換言之，阿卡莎紀錄絕不會讓你看見資訊然後對你說：「你把那個情況處理得太糟糕了。」阿卡莎紀錄反而會給你空間和能量，讓你查看資訊和情境並思考，我現在明白我為什麼這樣反應了。我從這當中學到了什麼呢？

阿卡莎紀錄是慈愛而安全的環境，而且能量會將那點反映給你。這是找回關於你自己、你的靈魂，當然還有雙生火焰的資訊的最佳場所。關鍵是要詢問明確的問題，然後允許你自己接收出現的不管什麼資訊，作為那些問題的答案。

阿卡莎紀錄中的雙生火焰

解讀阿卡莎紀錄的整體目的，是要提供令人振奮的資訊，以便教育和提升心智、身體、靈魂。它也針對靈魂已經達到和希望完成的事物，為表意識心智提供線索。它是極其高階的振動，而且因為這點，存取它的人們可以提升自己的振動，且在更高階的振動和意識狀態中向前邁進。這是你的靈魂自然而然地陷入的振動。這是你的靈魂講述和理解的能量語言。

當涉及關於你的靈魂（包括你的雙生）的一切時，阿卡莎紀錄是真相的源頭。因此，存取阿卡莎紀錄為發現敞開大門。一個問題將會帶來另外一百萬個問題，而那是沒關係的。你問得愈多，就會發現愈多。阿卡莎紀錄可以為你帶來資訊，甚至仔細到對方的名字，假使你還不知道你的雙生的名字。你可以詢問的問題諸如：「我的雙生火焰化身在人世間嗎？如果是，他看起來是什麼樣子呢？他是男性／女性？是高／矮？髮色是深或淺？假使他在彼岸，他最近一次化身轉世做了什麼事？」

不要教阿卡莎紀錄該怎麼說。換言之，不要讓你的問題像這樣：「所以我知道，比爾是我的雙生火焰，祢可以給我更多那方面的證據嗎？」要讓阿卡莎紀錄直接告訴你誰是雙生火焰；除了你的意念和你的問題，沒有必要給予祂們任何東西。

因為阿卡莎紀錄不受次元、空間或時間囿限，所以最好避免問「何時」的問題。你將會發現，開放式問題效果最好。當涉及在阿卡莎紀錄中證明雙生火焰關係時，可以詢問的幾個最佳問題是：

- 請為我帶來明確的消息，讓我了解我的雙生火焰在人世間的情況。
- 請讓我洞悉我的雙生火焰的體形特徵。
- 誰是我的雙生火焰呢？請為我帶來他最近一次化身轉世時使用過的名字。
- 我該如何更好地理解我與我的雙生火焰的關係呢？
- 該如何採取下一步，才能更好地與我的雙生火焰連結呢？
- 我的雙生火焰目前是否化身在人世間？

你將會感覺到這些問題的能量回應。假使阿卡莎紀錄是人類的，一定會很嘮叨，所以讓祂們說話。你可以得到許多知識。不過請記住，你是透過阿卡莎界域中的光之使者們的眼睛，接收到關於你自己的資訊，所以，假使祂們為你提供關於你自己且你以前可能從來沒有領悟到的美麗洞見，請設法不要忽略。此外，也設法不要忽略關於雙生火焰問題的答覆，即使答案可能不是你所期望的。雖然這只是整體雙生火焰關係拼圖中的一塊，但是你接收到的每一丁點資訊都很重要。

也是在阿卡莎紀錄內，你可以直接連結到你的雙生。請求光之使者們准許與你的雙生連結和溝通。請記住，你是透過祂們的眼睛看見你的靈魂，因此最好請求祂們幫忙。你的雙生，無論是化身還是非肉身，都會前來與你說話。你可以直接提問。只是記得要詢問細節且信任你接收到的內容。這一切將會受到光之使者們的指引和保護，祂們是神性能量構成的存有，絕不評斷。

一旦你接收到來自阿卡莎紀錄的資訊，務必記錄下來，無論是寫下來還是用數位方式錄音。你的表意識的大腦，可能不只需要時間處理一切事物的能量，還需要時間處理你接收到的答案。此外，資訊可能會再次出現，因此記錄你接收到的每一件事很重要。

額外的阿卡莎紀錄方法

接下來幾頁將會重點介紹，可以與阿卡莎紀錄結合使用的另外兩種方法。首先，我們將會介紹你認識雙生火焰旅程。這趟旅程的設計旨在連結你與你的雙生，讓你看見存在你們倆之間牢不可破的連繫。我們將會討論如何在引導式冥想（guided meditation）以及阿卡莎紀錄的協助下，踏上這趟旅程。

我們也會討論與雙生火焰和靈魂進化有關的前世概念。我們將會討論如何認出前世經驗，以及關於前世的夢。我們也將會讓你看見，如何經由帶著意念的明確祈禱，存取阿卡莎紀錄內關於前世存在的資訊。

這些額外的阿卡莎方法，將會顯示和證明你與你的雙生的連結，而且將會協助你與你當前存在中的雙生以及前世存在中的雙生連結。

雙生火焰旅程

雙生火焰始終相連；沒有分離，因為他們在靈魂層面是相連的。藉由設定拉近雙生的明確意念，至少在乙太層面中和更高層面上，雙生一定會回應靈魂的呼喊。這個方法通常最好在靜心冥想時操練。

靜心冥想是你坐下來，讓身體和心智安靜下來，為的是提升振動。你可以透過靜心冥想與你的高我和更高界域連結。靜心冥想時，你往往不必有明確的目的或意念；有時候你只需要讓你的思緒安靜下來，重新使你的能量集中。有不同類型的靜心冥想，其中某些需要特定的持咒，也有引導式和非引導式冥想。重點全都一樣：為了提升振動。

另一方面，旅程行進（journeying），是你運用明確的目的和意念提升振動的地方。這是透過多種方法完成的，而且往往是引導式冥想的結果，那只是意謂著，另外一個人在靜心冥想時為你的經驗指路。

當我初次了解靜心冥想時，我遇到的首要問題是：讓我的心智安靜下來。我無法使我的腦子長時間停止高速運行，也因此無法安頓下來，提升振動。人們剛開始靜心冥想時，這通常是首要問題，於是他們使勁掙扎，要戰勝活躍的頭腦。人們的共識是，你必須讓頭腦安靜下來或關閉頭腦的電源，於是我嘗試了幾種不同的方法來做到這點。事實上，解決方案容易許多。我們暫且來談論一下我們的腦。

腦與靜心冥想

腦分為兩個半球，這是醫學與科學的事實。每一個半球負責身體內的不同功能，才能使身體保持正常運作。左半球處理的肉身功能之一是說話，右半球處理情緒。

假使你善於分析且有條不紊，那麼你比較自然而然地受左半球支配，這往往被稱作「左腦型」（left-brained）。假使你比較有創意、藝術性、直觀、訴諸感情、隨性，那麼你會被認為比較「右腦型」（right-brained），因為這些由右半球支配。我自然而然地更常用左腦工作，但我學會了保持平衡。

當我與靈一起運作、靜心冥想或只是提升我的振動時，我會刻意地選擇從我的右腦工作。我善於分析的左腦想要分解右腦所做的每一件事，所以它絕不會停止設法那麼做。問題是，我的左腦永遠無法理解與靈的連結，因為那不是植根於有形的事實。

為了對抗這點，且在我執行任何類型的靈性工作時使左腦安靜下來，每當我專用右腦工作時，我會把有事占據左腦當作我的個人意念的一部分，這幾乎像是給孩子玩具，在你完成任務時分散孩子的注意力。我通常給予我的左腦類似這樣的任務；「想出然後分析與靈建立更緊密連結的計畫。」

我知道，左腦無法像右腦那樣理解無形的事物。我給它這個任務，因為我知道它想不出答案，因此它會分心，設法確定該如何解決那個情境最好。另外，這麼做將會使難搞的左腦也保持聚焦在靈。這始終是有利因素。這優於我執行過的替代解決方案：我過去時常想像我的左腦著實在打盹。

想要你的腦子「安靜下來」或「斷電」不應該有理由。反而應該是，看見你的腦子的實際狀態，接著在你的頭腦中將它一分為二。然後，你可以分派任務給你的左腦。嘗試讓這些任務與你正在執行的工作連成一氣。你不希望你的左半腦正在製作購物清單，同時你的右半腦正在設法連結到阿卡莎紀錄。舉例來說，反而告訴左腦：「嘿，我們要了解一些重要的資訊，設法想出最好的方法，來記住或保留我們即將學習的每一件事。」這個同樣的方法適用於我使用的所有形上學方法，尤其是靜心冥想。

為旅程做好準備

這趟雙生火焰旅程最初被設計成引導式冥想，為的是最好地協助他人與他們的雙生連結。它最初是由奇科當作一趟引導式旅程提供給我的，而我確實在本節中為你提供這整趟旅程。

允許你自己嘗試引導式冥想很重要，這麼一來，你就可以體驗到進行引導式旅程，以及在阿卡莎紀錄的光之中各是什麼感覺。要記住，你在神性上無限地連結到你的雙生，因此你在阿卡莎紀錄內的能量，將會內含你想要知道關於你的靈魂另一半的每一件事。

你看，正是在這趟旅程內，你將會發現你與你的雙生如何相連。有一條牢不可破的繩索延伸在你們之間，像臍帶一樣在你們的太陽神經叢中心連結你們的乙太體。這條臍帶是由創造雙生靈魂的相同靈性DNA創造出來的，所以它與你的神性基因相等。它是拴住你們彼此以及在你們倆之間建立無限連結的臍帶。自從你們的靈魂誕生和創造以來，這條臍帶就一直在那裡，在這趟旅程期間可以體驗和發現它。這是絕對萬無一失的方法，不僅可以看見你自己與你的雙生之間的神性臍帶連結，還可以見證和體驗到雙生火焰，無論對方存在什麼層面。

每一種方法確實都需要意念才能開始準備，但是你應該要完成其他幾件事，才能幫助自己做好準備。提升你的振動是必須的。你可以採用我們在本章稍早討論過的我個人的靜心冥想法，那也會設法確保你扎根接地。你可以坐下來，做三次完全的深呼吸。你也可以找到其他對你效果更好的方法，只是要記住，無論你採用哪一種方法進行這趟旅程，重要的是要提升你的振動以及讓自己扎根接地。假使你在睡著期間進行這趟旅程，務必在睡前設定意念，而且明白你的振動在睡眠期間將會自動提高。

設法確保你是放鬆的，準備好要踏上這趟旅程。對某些人來說，當你體驗到你與你的雙生之間的神性連結時，它可能是非常強而有力的。不要匆匆忙忙經歷這個體驗。假使它變得令人不知所措，你始終可以暫停一下，稍後再回來，沒有必要急匆匆地經歷。你可以根據自己的意願完成幾次這樣的旅程。要給自己時間記錄你的經驗，寫出來，或用電子裝置記錄。

最重要的是，請記得，這是一趟本該是你與雙生火焰之間的旅程。沒有其他人有權力（或權利）改變或挑戰你體驗到的內容。只要允許能量流動，你是否與他人分享你的體驗，完全取決於你。

下一節是實際的旅程。我們稱之為冥想，因為它最初的意思是引導式冥想。你可以為自己閱讀這一段或把它錄製下來。我也錄製了一段這趟旅程的版本。你可以在我的網站和我的 YouTube 頻道上找到這個影片鏈接。當你踏上這趟旅程時，務必有明確的意念，允許自己體驗到只存在於你與你的雙生之間的神性連結。

雙生火焰旅程冥想

安靜地坐著，閉上眼睛。吸入一口氣，讓空氣完全盈滿肺部，然後慢慢地吐氣，直至肺部沒有留下任何氣體為止。這第一口氣息將會清理身體。吸入第二口氣，讓空氣完全盈滿肺部，然後把氣吐出來，直至肺部沒有留下任何氣體為止。這第二口氣息將會使頭腦清明。重複吸進第三口氣，使肺部完全盈滿空氣。然後，完全地吐出這口氣，直至肺部沒有留下任何氣體為止。這口氣息將會解放靈魂，使靈魂得到提升。

想像一束白光來自上方，穿透你的頭頂進入。這束白光流經你的身體的中心，將白光輻射到你整個身體。白光沿著你的雙腿和腳趾下行，從你雙腳腳底的中心出去，向下流進地球母親的核心，在那裡與她的能量混合。然後那樣的混合物以美麗的琥珀色光束從核心流出，流回進入你的雙腳腳底，流經你的腳趾、雙腿、雙臂，再回流穿過你的身體的中心，直到它流出你的頭頂為止。你現在連結到無限，而且扎根接地進入地球母親。你現在敞開，準備好要接收。

想像一束深紫色光就在你的頭頂上方。這束深紫色光是你獨一無二的神性連結，內含你的神性DNA。看見它穿過你的頭頂進入你的身體，向下穿過你的中心，然後看著它停留在你的太陽神經叢。從你的太陽神經叢，看見這束深紫色光從內向外輻射，創造出一條來自你的肚臍的臍帶。要有這樣的意念：這條臍帶的另一端連結到雙生火焰的太陽神經叢。

將你的注意力帶進那束深紫色光之中，允許它圈住你和你的覺知，直至深紫色包裹住你為止，彷彿你在一條隧道內。在這條深紫色隧道的盡頭有一道白光，而你感覺到自己被白光吸引過去。你走過這條隧道，感覺你不再需要的一層層東西，從你身上融化且消散進入深紫色之中。

當你抵達隧道的盡頭時，你踏入明亮的白光中，而且走過白光。你遇見一道柵欄。這是老舊的木製柵欄，而你明白，只有兩個靈魂：你與雙生火焰，有進入的鑰匙。

你打開那扇門，跨過去，然後關上身後的門。你不希望被打擾。在你面前是一片美麗的花田，各種濃淡色彩，各種類型的花朵，大膽而明亮。你立即注意到有一條小路穿過花田，而你踏上小路，開始步行。這條小路是為你開闢的，它只寬到足以讓你走過；你的雙腳走在小路上，感覺很舒服。你注意到，這條小路似乎被同樣的深紫色照亮，如同附著在你的肚臍上的深紫色臍帶，那條臍帶再一次顯而易見。

這條小路帶領你穿過花田；隨著每一步，那條深紫色臍帶愈變愈短，被照亮的小路愈變愈亮。你看見遠處有一張長凳，這條長凳就跟你之前進入花田的那道木門一樣，只是你注意到，你可以看見你的深紫色臍帶似乎結束於長凳。

允許自己以你感覺到的不管什麼方式，接近這張長凳：走、跑、跳，接近它沒有所謂錯誤的方法。要明白你的雙生，將會以相同的方式從相反的方向接近長凳。當你到達長凳時，你拿起你的臍帶，於是你注意到它沒有盡頭。隨著你的雙生靠近，它反而在你手中愈變愈短。當你的雙生到達時，你將會注意到，你們之間只有一小段深紫色臍帶，確保你們彼此的連結。

花時間看見、聽到、感覺、體驗雙生火焰，他是那個神性靈魂的相等一半，分開了，才能創造你們倆。一起坐坐，一起走走。無論坐在哪裡或走到哪裡，你們獨特的深紫色小路都會出現，照亮道路。只有你們倆可以一起走在這條小路上；沒有其他人可以加入你們，因為這條小路是你們的神性之光照亮的。

一旦你們倆一起共度時光，對彼此有更好的理解，就應該返回到長凳旁（假使你們從來沒有離開過長凳，那就站起來）。將你的乙太之手放在你的雙生的太陽神經叢上，感覺連結你們倆的那條臍帶。你的雙生會將他的手放在你的太陽神經叢上，做同樣的事。由於你們的手都放在正確的位置，因此你們各別將思想、天賦、情緒或你們的任何傾向，放進彼此裡面。經由在臍帶的起源將這些禮物放進彼此裡面，禮物因為這份神性DNA而得到增強。

你們倆起身離開，你注意到臍帶開始增長。你明白這條臍帶代表你們倆共享的神性DNA，不能以任何方式被改變、破壞、切斷或摧毀它，你們始終彼此相連。

你們倆將會返回那條被照亮的小路，但你現在注意到，小路的顏色是綠色。它指引你穿越花田，回到那扇大門，你輕易地打開大門，而且知道，你的雙生正在他那條被照亮的小路上做著完全相同的事。

你回到隧道中，而且注意到隧道也從深紫色變成了美麗的翠綠色。當你走過隧道邁向你的肚臍時，你可以感覺到來自這條隧道的愛和療癒的振動。一旦你抵達你的太陽神經叢，想像那道華麗的翠綠色光，進入你的身體且輻射貫穿全身，將翠綠色光錨定在你的心輪中。

將注意力帶回到你的身體內，能夠感覺到你坐在哪裡，能夠擺動你的手指和腳趾。在睜開眼睛之前，先向下看，看見那條附在你的肚臍的臍帶。這條臍帶連結你與你的雙生，無論你們在什麼層面，它都是無敵的。

睜開眼睛，允許你自己完全回到你的身體內和房間裡。保持那份理解：你已經成功地連結到雙生火焰且與對方相會了。

****

一旦你第一次踏上這趟旅程，你與你的雙生之間的連結就變得更加清晰。只要你渴望，可以隨時運用這套冥想和旅程，深入探究你們的連結的中心（那是你與你的雙生之間的臍帶），了解更多的資訊。這趟旅程可能聽起來很簡單，但它的體驗卻大不相同。至少，對我來說是這樣。

設計這趟旅程不只是為了幫助你會見和問候你的雙生，它也在此幫助你創建你自己的私人和特殊方式，讓你們倆在靈魂層面認出彼此。我發現這很重要，尤其是在進行例如前世回溯之類的靈魂工作時，因為它使你有能力立即且總是認出你的雙生，無論你在你的乙太工作期間經歷著什麼。

你們給予彼此的禮物同等重要，因為它們將會在你們之間的能量連繫內流動。無論如何，這份連繫絕對且牢不可破，即使有朝一日，你打算切斷這份連繫。不能切斷或破壞它的原因是，它是從創造了你們的靈魂的相同DNA創造出來的，而且因為它的神性，那份DNA絕不會改變。

正是因為這份特殊的連結與連繫，你可以在這趟旅程期間體驗到幾乎任何事物。無論發生什麼事，不要拒絕或辯解，乃至排除它的可能性，尤其是如果這趟旅程將你帶到完全出乎意料的某地或某人。要保持開放，接收出現的事物。

阿卡莎紀錄中的雙生火焰旅程

這種旅程與雙生火焰旅程冥想有點不同。藉由這個方式旅行，你直接開啟阿卡莎紀錄，能夠透過光之使者們的眼睛體驗到雙生火焰連結。這確實涉及運用明確的意念開啟阿卡莎紀錄。這不是阿卡莎紀錄內的問答療程，反而是另一種方式，可以體驗到那份獨一無二的靈魂連結。

當你以此方式運用這份意念開啟阿卡莎紀錄時，只要允許你自己接收出現的事物。它是一幅圖像或一系列圖像、感覺或思想，都無關緊要。關鍵是要讓一切流動，保持開放，接收一切事物。

以下是為這趟雙生火焰旅程開啟和關閉阿卡莎紀錄的明確方法，真的只有在你希望踏上與雙生火焰連結的這趟旅程時，才可以使用這個方法。假使你為了提出問題和接收答案而想要開啟阿卡莎紀錄，最好應用之前討論過的方法。

開啟阿卡莎紀錄

神聖的光之使者們，

感謝祢們慈愛的臨在。我帶著敞開的心和開放的頭腦來到祢們面前，它們都準備好要在我參與這趟旅程時接收祢們的指引。我希望在祢們的指引之光內，看到、感覺到、知道、理解到、體驗到與我的另一半靈魂的神性連結。我希望以基於我們的最佳利益和至善的各種方式，知道、感應到、看到、聽到、感覺到我的神性對應版本。我希望能夠見證、理解、體驗到我們牢不可破的連繫，而且想要獻上一份禮物給我的神性對應版本，且收到一份禮物作為交換。我請求祢們的協助和智慧，為我自己（在此補上你目前的法定全名）服務。

正是如此，一切如是。阿門。

阿卡莎紀錄現在開啟了。

關閉阿卡莎紀錄

神聖的光之使者們，

感謝祢們的指引，以及祢們的智慧。感謝祢們允許我透過祢們沒有評斷或恐懼的眼睛，體驗這份神性的夥伴關係。感謝祢們分享祢們的愛。我很感激我接收到的一切。

正是如此，一切如是。阿門。

阿卡莎紀錄現在關閉了。

＊＊＊＊

無論經由冥想或在阿卡莎紀錄之內，你都不需要知道關於你的雙生踏上這趟旅程的任何資訊。你們的能量相等，所以不可分割。因此，在你開啟阿卡莎紀錄時，無論何時，你只需要說出你的姓名。

建議你經由兩種方法嘗試雙生火焰旅程，只是為了得到兩種方法的感覺。每當我真正感覺到需要與奇科連結，且將其他一切排除在外時，我仍然使用旅程冥想（是的，在親密關係內也會發生這樣的事。有時候，你們就只是需要彼此）。它提醒我們的深厚連結，而且我可以重溫我們送給彼此的禮物。

在這個版本的旅程中，禮物的交換就跟在雙生火焰旅程冥想一樣重要。這些禮物的設計，旨在表達彼此的愛、感激、承認。此外，就奇科給我的禮物而言，我每天都在人世間看見它的物質表現。這些只是來自他的小小信號和提醒，而且它們使我微笑。同樣的事可能發生在你的禮物上。所以，不要跳過在阿卡莎紀錄內承認雙生火焰的那一刻。

了解前世

不需要相信前世或輪迴轉世，就可以研究雙生火焰關係。不管怎樣，對「這不是你活過的唯一一世」的想法，保持開放並沒有什麼害處。多數人如果不是有幾千年也有幾百年的歷史，對某些人來說，我們的靈魂可能早於任何一種書面歷史。這是有可能的，所以要允許自己對輪迴的想法保持開放，它可以同時令你感到驚訝和著迷。

談到證明雙生火焰關係時，與你的雙生一起了解前世，看見你們在過去學到的功課，那會很有幫助。它也闡明靈魂進化的進程。透過體驗前世，有可能可以精確地看見，你在你的道路上已經走了多遠。或許，在前一世你不斷地發動戰爭，而在目前這一世，你為和平挺身而出。然後你可以清楚地看見，你的靈魂如何學到達成改變的其他方法。

在阿卡莎的保護傘底下，有幾種方法適用，這是因為阿卡莎紀錄是驗證你的經驗真相的必要源頭。某些這類方法，例如催眠和前世回溯，連結到了解前世。這些方法通常伴隨著我的建議出現，也就是，這些療程是由訓練有素的專業人員，在你有意識的情況下執行的。有時候，我們可能會在自己的靈魂歷史內發現某些令人不安的事，於是你可能需要合格人士來協助你處理這些情緒和經驗。不過，還有其他方法可以了解前世，而且有可能發現它們可能與你此刻人生中正在發生的某事有關。

重要的是，要覺察到催眠與前世回溯中關於前世的概念，即使我們的方法會有不一樣的效果。我綜合這兩種方法，因為它們息息相關。催眠是一種技術，使人進入比較敞開且易受暗示的專注狀態。在這種狀態下，你比較敞開接收訊息，且以正向的方式改變你的人生。前世回溯（past life regression）運用催眠與引導式冥想，來幫助找回以前體驗過和生活過的生命記憶。這些記憶被保存在阿卡莎紀錄之內，可以在療程期間透過冥想存取。

雙生火焰與化身

雙生火焰將會不可避免地一起共享多世人生。即使你目前不相信輪迴，這仍然是真相。多數時候，假使雙生同時化身在人世間，他們不會認識彼此。通常，雙生至少會相隔一個層面，在較高階那一邊的雙生擔任某種指導靈，幫助地球上的雙生。

重要的是，至少要理解關於你的前世化身的基礎知識。透過這些前世，你可以了解你學到了什麼功課、如何在當前的功課上取得進展，以及功課是否會重複。雙生火焰一定會過著類似的生活，由於他們決定要學習的功課之故，而這些功課可以在他們共享的靈魂藍圖內找到。你可以更加理解那些你已經學到的功課（但那些功課一定會再次回頭測試你），以及那些你還無法好好掌握的功課。

談到雙生火焰時，該要注意的最重要事情是，你設定了意念，要理解你們在那個前世的連結。即使你的雙生在那一世沒有化身，你仍然會得到必要的資訊，可以證明雙生火焰關係。根據我的經驗，我曾經請求讓我藉由一個簡單的視界，看見我的雙生火焰在其他前世中的表現，結果出現一條紫色臍帶在我們的肚臍之間延伸。無論我的雙生化身進入那一世要完成什麼，我都能夠順著我們之間的那條紫色臍帶找到他。假使那條臍帶從我的肚臍直接向上，那麼我知道，我的雙生並沒有與我一起化身進入這一世。

談到化身，有許多思想流派。有些人堅稱，兩次化身之間必須至少有兩代；其他人則說，其間必須相隔十二至二十年。靈魂何時可以化身進入新的生命並沒有任何限制。假使你發現，你在某個前世突然去世，到達了彼岸，而且決定立馬創建新的計畫，化身進入不同的人生，那麼那就是你的經歷。不要讓任何人告訴你，那是不可能的。他們怎麼可能知道你的經歷可不可能呢？他們不是你。

我怎麼知道那是前世？

無論你如何體驗某個前世，我發現有幾個可靠的方法可以指出，有效的前世經驗與你的頭腦和想像力單純找樂子之間有何差異。所有這些前提基本上是相同的：你的整體經驗必須符合那個時段。

1. 你的衣著應該符合歷史。你穿衣的方式應該是你在夢境中經歷的那個時期，而不是現在。舉例來說，假使你夢見古羅馬而你穿著愛迪達運動鞋，那麼這很可能不是前世夢境。你的潛意識很可能正在回應來自你的清醒人生的某些其他刺激。
2. 你周圍的事物對那個時段來說，應該是有意義的。假使你夢見一七五六年蘇格蘭境內的一座農場，一輛法拉利沿著鋪好的路面呼嘯而過，那麼你的潛意識非常有創意，而那並不是前世經歷。然而，假使某人反而騎著馬過來，那麼情況就不一樣了。這個情景比較適合那個時段。此外，觀察你周圍的人們，他們也應該要符合那個時段。

3. 你應該從直接的視角體驗一切。舉例來說，假使你夢見戰場上的戰役，你應該以另一種方式體驗你自己正在戰鬥，或體驗你自己是那場戰役的一部分，而不是在一旁看著一切發生。你應該能夠近距離聽見槍聲。你應該聞到煙味，因為你在戰場的中心。換言之，假使你是主動的參與者，透過自己的眼睛看見周圍的事物和發生的事件，那麼你正在經歷某個前世。

4. 你的言行應該要符合那個時段。舉例來說，「太讚了」（awesome）或「寶貝」（bae）之類的字詞，大概不會出現在一五六〇年。例如當你列席英王亨利八世（King Henry VIII）的皇室宮廷或覲見室的時候，你也不會有智慧型手機運用推特社交網絡「#chilledwithHenry8th #keptmyhead」發布你的經歷。

前世夢境

根據我的經驗，存取關於前世的資訊，最容易且最常見的方法，是在你的夢境之中。只是夢見某事與感覺好像你真的在那裡，這兩者之間有著非常真實的能量差異。我可以夢見埃及，因為我去過當地的博物館，看過幾具木乃伊和他們的石棺。我也可以體驗到古埃及的存在，或許我可以在那裡親眼目睹，比如說，木乃伊的製作過程。前世夢境很像你在睡覺時，有過來自靈的造訪的夢境。你從那些夢中醒來，然後領悟到，「哦，天哪，是夢嗎?真的是夢嗎?似乎很真實。」關於前世夢，也是同樣的感覺。

要經歷這個過程，有必要從你的頭腦中消除以下的限制性信念：我從來不記得我的夢。你可以記住它們的；你只需要讓你的頭腦養成這麼做的習慣。慢慢地開始，記錄一切，不管什麼出現在你的表意識大腦。我們來討論一下，如何讓自己準備好在夢中接收前世資訊。

你將會需要一本夢境日誌，也要拿起一支筆，然後將這兩樣東西放在你的床邊。不要放在遙不可及的地方，你需要能夠直接抓起筆來開始書寫。書寫確實幫助頭腦能夠帶出更多來自潛意識的經驗，你也可以選擇記錄在你的手機或其他裝置上。無論採用什麼方法，要設法確保隨時可以存取。你需要寫下清醒後立即進入頭腦的第一批事物，甚至是在你的腳踏到地板上之前。一旦你完全清醒，左腦便會開始運作，這是為什麼立馬記錄你的夢境很重要。

重要的是要在睡覺前設定意念，而且具體說明你想要接收到什麼。即使你必須將想要接收到的內容，寫進你的夢境日誌，還是需要做出表意識的意念設定。它可以是像這樣的東西：我的意念是，了解某個特定的前世經驗，以及這段經驗與我的雙生火焰的關係。記住這段經驗也是我的意念，重要的是，要將你的雙生納入你的意念，這不只是為了證明雙生關係，也是讓你可以進而看見、知道、理解到——你們雙雙經歷過的模式和功課。因為這麼做，你可以開始看見你們的靈魂藍圖。你也可以設定意念，要看見你與你的雙生共享的前世。請記住，這些前世經驗，來自阿卡莎紀錄內你的靈魂歷史。那些規則仍然適用，即使你睡著了。

你應該要在睡前設定意念，但是不要開啟阿卡莎紀錄，且讓它們打開著。在你睡著的時候，靈魂有它自己存取阿卡莎紀錄的方式。沒有必要在表意識上開啟它們，且讓它們開啟一整夜。因為阿卡莎能量，你很可能睡不了太久。

允許自己在夢中擁有那些經驗，然後允許自己可以完全回憶起。這是你的意念的一部分，因為你正在准許你的表意識大腦記住你的夢境經驗。你的大腦可能無法理解它親眼目睹的一切，但是經由允許經驗發生且設定記住經驗的意念，你在這個過程中為你的大腦提供工作和目的。請記住，當你給予理性思考、善於分析的大腦——一份協助這個過程的工作時，事情往往會運作得更容易一些。

當你睜開眼睛的那一秒，抓起日誌開始書寫。只要你寫，寫多寫少都沒關係。我時常把鬧鐘設定得早一點，讓我有時間書寫，所以你可以選擇這麼做。給自己時間適應這個模式，這是指假使你還沒有保持書寫任何類型的夢境日誌的習慣。

如果你在夢中體驗到你不同意或沒有共鳴的事，你總是可以尋求協助，好好處理它。這些事物出現在你夢中的理由，很可能是因為，你現在正在面對或處理類似的事。也有可能是，經由體驗這個前世，你的靈魂舉實例向你說明，你在靈魂進化的道路上究竟走了多遠。

舉例來說，我做的第一個前世回溯療程，是與布萊恩．魏斯博士（Dr. Brian Weiss）一起進行的團體回溯。我設定了意念，要回溯到與我的雙生火焰在一起的某一世，以此作為繼續我的一系列證明的一個方法。那次療程的結果是震撼核心的體驗。在我體驗到的前世中，我是凶惡但備受尊敬的戰士，一旦涉及他的敵人，無論是在作戰期間，還是在家裡，他都毫不留情。那與我現在愛好和平、隨和、光之工作者的身分相去甚遠，因此我不確定那是否真實，我也完全不知道該如何處理這段經驗。我還了解到，奇科在那一世是我的哥哥，而且遭到我的敵人們謀殺，那也是這位戰士何以如此無情的部分原因。

我立即開始研究那個時段，試圖看看我能發現什麼。我了解得愈多，愈不明白是怎麼一回事。至少直到一位導師對我說：「是，好吧，所以這一切都發生在幾個世紀以前。看看你已經走了多遠啊，看看你必須學習多少功課才能成為現在的你啊！除此之外，在歷史背景下，這傢伙的所作所為也很常見。前世回溯就是那樣，它過去了。它與你的現在唯一有關的事情是那些功課，穿越那些，你的靈魂進步了。」

此外，我應該再提到一件事：這不僅適用於地球上的前世。可能也有星際生命、男神／女神生命，或其他銀河系中的生命等等。在地球上也可能有亞特蘭提斯人、前亞特蘭提斯人，或史前存在。不要低估你接收到的任何內容。同樣的信號在這裡仍然適用，不過我們如何真正知道金星上的人們是否穿運動鞋呢？儘管如此，還是把一切寫下來。不重要的內容不會來到你面前。

我在前世體驗到的事，通常與當下正在發生的事有某種關聯或連結。它們通常為我當時有的不管什麼感覺或當時做的不管什麼行為，提供根本原因。

阿卡莎紀錄中的前世

有幾種方法可以體驗前世：在夢境中、在催眠時、在前世回溯中。還有一種直接的方法，可以存取阿卡莎紀錄中的這類資訊。

就跟雙生火焰旅程一樣，我們可以帶著將會允許我們體驗到某個前世的明確意念，開啟阿卡莎紀錄。目前為止，對於連結你與你的雙生的牢不可破的臍帶，你應該有所了解。我與奇科的臍帶是紫色的，但是或許你在靜心冥想時體驗到不同的顏色。那沒關係，沒有錯誤或正確的顏色，只有你與你的雙生的顏色。

當你開啟阿卡莎紀錄且與你的靈魂能量連結時，這個明確的意念，將會允許你不只體驗到你的人生是什麼樣子，以及你在其中的角色，而且你也能夠明白你的雙生在同一世中的人生。你將能夠確定對方是否同時化身進入某一世，以及假使你們倆都化身轉世了，你們是否認識對方。

這不是阿卡莎紀錄內的問答療程。就跟雙生火焰旅程一樣，這是可以接收的經驗。在某次獨立的療程中，將會有在你的前世經驗內的大量資訊，可以詢問和多加了解。請務必記錄你看到、感覺到、聽到、體驗到、理解到的每一件事，而且要敞開接收。

開啟阿卡莎紀錄

神聖的光之使者們，

感謝祢們慈愛的臨在。我帶著敞開的心和開放的頭腦來到祢們面前，它們都準備好要在我參與這趟旅程時接收祢們的指引。我的意念是，在我的靈魂的時間線中，了解和體驗到某個前世的化身。我也設定意念，要了解我的神性對應版本在這個前世中所扮演的角色。我希望透過祢們的眼睛，以基於我們的最佳利益和至善的各種方式，看到、感覺到、知道、體驗到、理解到這個前世存在。請在祢們的慈愛之光內，指揮我找到我的靈魂的能量，找到與我的現世有特定連結的某個前世存在，並讓我看見那份連結。我請求祢們的協助與智慧，為我自己（補上法定全名）服務。

正是如此，一切如是。阿門。

阿卡莎紀錄現在開啟了。

關閉阿卡莎紀錄

神聖的光之使者們，

感謝祢們的指引、協助，以及祢們的智慧。我很感激我接收到的一切。請允許我回憶起我離開了祢們的光之後所體驗到的一切。

正是如此，一切如是。阿門。

阿卡莎紀錄現在關閉了。

****

非常重要的是，要允許自己好好體驗出現的不管什麼事，而且信任，你經歷那事的理由，無非是基於你的最佳利益。誠如我說過的，有時候我們確實體驗到前世發生的不愉快事件。只是要記住，這些事都是過去，而你再次目睹它們，因為它們有助於解釋發生在你目前生活中的某事。舉例來說，你可能會發現，你不喜歡在脖子上穿戴任何東西，例如高領毛衣或項圈型項鍊，理由是，因為你在某個前世被絞死。你也可能不喜歡在寒冷或深沉的水中，因為你在一九一二年鐵達尼號沉沒時去世了。

有可能在前世經驗中發現這些事。也有可能了解到，你的雙生有某一世在愛爾蘭生活過，而且幫忙建造了鐵達尼號。也有可能了解到，在你當前的存在中，你與某個特定歷史時期有連結的原因是，因為你有某個前世活在那個時期。舉例來說，你現在可能是美國內戰迷，因為你在一八六四年以士兵的身分親身體驗了美國內戰。

這就是對出現的不管什麼事保持開放的重要性。你永遠不知道什麼事可以得到解釋。我自己與奇科的另一個例子是：我們倆在某個前世都是作家。他是詩人，而我寫了一本驚悚小說。在了解到這個前世之前，我沒有讀過任何關於這部作品的文章，所以獲知我們的文學造詣實在很迷人。在你提問前，我先告訴你，我擁有那本詩集和小說的副本。它們在我的藏書室內。假使我拒絕前世經驗，我絕不會了解到這點，也無法找到這些文獻，這是我鼓勵你什麼都不要拒絕的原因。

第8章

善用占卜的提示

占卜（divination）是經由不尋常、形上學或超自然的方法，尋求和獲得知識的藝術。這個字詞通常帶有負面含義，因為它是最常用來描述獲取未來資訊的方法。這是不正確的，沒有方法能夠確定關於未來的絕對資訊，因為我們每一個人都有自由意志。就連儲藏你的靈魂歷史的阿卡莎紀錄，也無法預測未來。占卜充其量只會為你提供資訊，告訴你，假使你不改變你的行為、你的言辭或你的意願，可能會發生的情況。

有許多方法屬於占卜的範疇。我們將在本章內討論其中幾種，你可以運用這些方法，幫助你證明雙生關係、與你的雙生連結、在你的靈性道路上協助你。要準備好深入鑽研，因為本章中內容不少。我將會為你提供關於占卜的一些背景，以及如何直接應用這些方法中的每一種與雙生火焰連結。

方法一：信號

指定一個意在象徵雙生火焰的信號，然後尋找即將出現的確認。這適用於化身和非肉身雙生。假使你請求數字444出現，作為來自你的雙生的信號，你一定會接收到它。你必須記住，即使你們彼此不認識且雙方都化身在人世間，你們始終相連。你的雙生一定會提供你請求得到的信號，即使他可能不是有意識地覺察到這點。

這個方法的操作原理很簡單：當你帶著接收到只來自你的雙生的信號的意念，請求得到明確的信號時，你的雙生一定會接收到。我在此補充的警告是，當一個人開始踏上自己的旅程時，無論是靈性道路還是與雙生火焰連結的道路，阻止人們向前邁進的，往往是欠缺自信與自我信任：「嗯，我怎能信任自己可以完成這事呢？我對這一切很陌生。我的體驗不可能是真實的。」相信我，我已經說了這麼多（再說就要賭咒發誓了）。對於可能會相信這個方法的人們，我說：要讓自己休息一下。這不是容易的道路，不可能期望你一開始就信任一切。

我還必須說，接收到來自你的雙生的信號，是開始認領那份自信和自我信任的絕佳方法。你必須允許自己相信，你接收到的內容是真實的。這個證明雙生關係的方法，一開始就很好玩。要設法確保追蹤你請求得到的不管什麼信號，以及接收到它們的時間。

相信我，驗證是非常好玩的。

這個方法需要請求你的雙生給予你明確的信號，藉此驗證你們的連結。你只需要大聲詢問即可做到這點。在彼岸的靈，包括你的非肉身雙生火焰，一定會聽見你說的話並回答。對雙方都是化身的雙生來說，這個方法也有效。這需要與你的雙生的高我連結，才能請求得到信號。雙生火焰總是會驗證他們彼此的連結。

所以，假使截至目前為止，你已經完成了所有這些工作，那麼你很可能能夠在你自己與你的雙生之間建立共同的信號主題。奇科與我有幾個信號：數字333、心形、圓圈、數字1，聊舉幾例，為了測試這個理論，我決定挑選其中幾個，把它們放在一起，代表明確的信號，以下是我為了測試這個方法而遵循的步驟。

1. 挑選一個明確的信號：不要只是說：「嘿，如果你是我的雙生，給我一個信號吧。」那是無法驗證的，除非你看見高速公路旁邊的廣告牌上寫著「我是雙生火焰」。那勢必相當驚人。不過，你應該請求得到某樣明確的東西。選擇只對你與你的雙生有意義的東西。

我選擇了幾個不同的信號：圓圈和心形。第一個信號必須是圓形，第二個信號必須是心形。你選擇什麼信號並不重要，只要信號帶著這個意念發揮作用：你只接收來自你的雙生的信號。

2. 設定意念：你的雙生在這個層面或彼岸都無所謂。當你設定了與你的雙生溝通的意念時，你正帶著這樣的理解在做這件事：假使你的雙生也是化身，你正在與他的高我連結。以下是我所採用的意念，包括我的明確要求：

我發出意念，要使用以下信號，不僅與我的雙生火焰連結（無論他的靈魂在哪裡），而且協助證明雙生火焰關係。接收到這些信號的時候，我會毫無疑問地知道，我接收到了來自我的雙生火焰的信號。請允許從我的靈魂和高我，到我的雙生火焰的靈魂和高我，都擁有這份了解與連結。我希望接收到的第一個信號是銅圈，我希望早上第一件事就是收到它，而且希望能夠隨身攜帶它。我希望接收到的第二個信號是心形，這顆心應該是白色或寶藍色。我希望能夠在我真正需要它的時刻收到它，我希望能夠隨身攜帶它。我心懷感激。正是如此，一切如是。阿門。

3. 尋找信號：我請求得到兩個非常明確的信號。我這麼做是因為，我毫不懷疑我會以我請求的方式接收到它們。假使你剛開始踏上這條雙生火焰之路，建議你只挑選一個非常明確的信號，然後以你有可能想到的許多方式請求得到它。

4. 記錄結果：你總是希望記錄你接收到的內容。我們想要保存這類資訊的原因是，因為它是雙生連結與關係的驗證。

以下是我接收到回應我的要求的答覆。你應該知道的第一件事情是：奇科非常擅長發送信號，尤其是當我用極其明確的信號挑戰他的時候。第二件事情是：你的結果可能非常相似，因為你的意念和要求愈明確，你就為你的雙生提供愈多可以運用的東西。有時候這些按照字面呈現，其他時候它們可能很有創意。務必保持開放，接收出現的不管什麼內容。讓我們從我請求我的雙生發送給我的第一個信號的結果開始。

我於二〇一八年四月二十三日開始了這個小小的研究實驗。我在前一夜設定了意念，然後上床睡覺。我在正常時間起床，準備好出門上班，然後意識到那天早上的第一件事情是，我需要在加油站停車。我把車停進大樓前的一個停車位，打開車門，下車。我低頭看，在我的車門旁邊的地上有一枚一分硬幣。奇科時常送幾枚一分硬幣給我，所以這其實沒有什麼好驚喜。我請求早上第一件事情是收到銅圈，而且希望能夠隨身攜帶它。早上大約六點十五分，我收到一枚躺在地上的銅製硬幣。我把它撿起來，放進車內。我通常會拍一張照片，記錄我收到的每一個信號的位置以及收到的方式，然後再觸碰那個信號。由於我還沒有完全清醒，所以只是把硬幣撿起來，放進車內，臉上掛著燦爛的笑容，然後向奇科道謝。每當你收到來自靈和你的雙生的信號時，表達感激是很重要的，他們很可能曾經非常努力地確保你收到那個信號。

第二個信號出現在二〇一八年四月三十日，當時我其實並沒有在尋找信號，而且幾乎忘了我應該要注意信號，這樣我們才能完成這個方法的研究。當我車子的加油燈亮起時，我正在下班回家的路上。本來打算開到常去的地方再停車，但我想車子沒辦法開那麼遠。所以，我將車子開進我看見的第一間加油站。這只是表示，我也應該要注意一下我的油量表。

不過，以下是事情變得令人讚歎的地方，所以結果證明，車子幾乎沒油是件好事。我不記得我把車子開到哪一個油槍號碼，但是打開車門出去的那一刻，我不由得笑了。我的第二個信號就在那裡，在地上。我不僅得到了一顆白色的心，而且還得到了一個白色圓圈。圓圈象徵我們全體的一體性，但是對雙生火焰來說，它也可以象徵雙生關係的一體性。

原本兩者都要保留下來，但是白色的心看起來像是被嚼過的口香糖，而白色圓圈則是上面有齒痕的塑膠（是啊，我離得夠近，檢查得很仔細）。我最後將就地拍了一張照片。

這是很好的方法；我喜歡透過它運作，它只是較大的雙生火焰拼圖的另一塊。雙生火焰始終會向你證實他自己，無論他目前在什麼層面。

方法二：通靈

通靈（mediumship）是溝通的行為，對象是那些已經從今生過渡轉換到彼岸的靈。我們已經確定了你可以與你的雙生的高我連結，這適用於雙方都是化身的雙生。涉及非肉身雙生時，利用通靈主動地與對方溝通是一個選項。

在更進一步探討之前，我要先說清楚這點：我並不是說你應該學習如何與彼岸的靈溝通，才能與你的非肉身雙生火焰交談。誠如之前討論過的，你們可以在阿卡莎紀錄內直接彼此交談。對帷幕兩邊的靈來說，溝通是神聖的特權。最終，無論你學習通靈的原因為何，你最後都會協助他人和自己，這是不可避免的。我學會了通靈，因為我想要找到方法讓奇科閉嘴。我從來沒有真正找到讓奇科閉嘴的方法。反而是上了許多課，成為經過認證的靈媒。當你與彼岸的靈合作時，這是自然而然的進化。

與靈溝通是關於建立橋梁，帶來愛，以及療癒，而且毫無疑問地證明生命的連貫性。它的重點不在於，學習如何與你的非肉身雙生火焰交談。

自我通靈

有幾個方法能夠與你的雙生溝通，這些都屬於通靈的範疇，而且它們並不是像你想的那麼困難。以下方法是我喜歡稱之為「自我通靈」（self-mediumship）的實例。這意謂著，你學會如何仰賴和信任你自己的感覺、經驗、能力。在這麼做的過程中，你也收集到有助於解釋和定義你們的關係的證據。

你可以經由占卜工具（例如擺錘），獲得關於雙生火焰的前世資訊。請記住，假使你可以證明在人世間的雙生火焰關係，那麼你已經證明了，如此而已。關鍵很簡單：保持好奇心和學習。沒有什麼好怕的，尤其是當你設法與你的神性靈魂的另一半溝通時。

利用這個方法與你的雙生溝通的最佳方式是：運用占卜工具，例如擺錘或通靈板。由於在電影中和電視上的不當使用，這兩種溝通方法似乎名聲不佳，所以讓我們來討論一下它們是什麼以及該如何正確地使用它們。

擺錘

擺錘是末端有一顆水晶或石頭的裝置，這顆水晶或石頭附著在一條長長的鏈條上。如果使用得當，你可以運用這項工具與彼岸的靈以及化身者的高我溝通。

有許多不同類型的擺錘，包括專門用於溝通的擺錘，但你也可以使用其他物品。舉例來說，我用了一條項鍊，上頭有一顆有重量的飾物，或是上頭有鑰匙的鑰匙圈。擺錘的重點在於，它允許靈為了回答你的問題而運用靈的能量移動擺錘。

你可以利用這個方法與你的雙生溝通，無論他們是化身或非肉身。建議你挑選特定的擺錘，而且設定這個意念：這個擺錘未來的唯一用途，是與雙生火焰溝通。挑選你的擺錘，然後你會想要清理掉擺錘上的任何其他能量。你可以使用以下方法之一，清理你的擺錘：

- 將你的擺錘放在窗台上過夜，讓月亮的能量清理它。

- 左手握住擺錘，將宇宙的白光向下拉進來，穿過你的頭頂，穿過你的身體，進入擺錘，以此清理擺錘。
- 左手握住擺錘，設定意念：宇宙的白光將會進來，穿過你的頂輪，穿過你的身體，盈滿你的肺，然後將白光吹進你的擺錘。

應該要把擺錘清理乾淨，因為不知道多少人握過它。我們將自己的能量印記留在每天遇到的事物上，假使其他人曾經設法使用這個擺錘與靈溝通，或是假使這個擺錘曾被用於其他事物，那麼就會有許多額外的能量附著其上。

一旦清理完成，你就需要讓擺錘調頻對準你的能量。若要做到這點，只需要將擺錘握在右手中，同時設定意念：你的能量將會盈滿這個擺錘，擺錘將會受到神的保護。

在你用你的能量為擺錘充電之後，你可以請求准許它調頻對準你的雙生的能量。假使你的雙生在彼岸，這相當容易：只要請求你的雙生用他的能量注入這個擺錘。右手握住擺錘，允許你的雙生的能量，利用你的右手臂和右手將他的能量注入擺錘之中。假使你的雙生是化身，只需要採用這個意念：

我現在請求來自我的雙生火焰的高我的許可，將他的能量注入這個擺錘，與我自己的能量混合。

與你的能量感覺起來沒有什麼不同，不過非肉身雙生的能量可能會感覺起來有點刺痛。那是你的腳麻木然後終於醒來之後的刺痛感。這與非肉身能量一起發生，因為它在比肉身振動高出許多的振動流動。否則，能量其實沒有區別，因為它來自相同的源頭，攜帶相同的靈性DNA。

進行任何類型的與靈溝通時（這包括假使你的雙生已化身，因為你正在與對方的高我溝通），你必須始終帶著自己平靜、清明、開放、準備好的能量接近。換言之，假使你悲傷或生氣，或是無法清理自己的能量，請不要嘗試溝通。你受損的能量會影響接收的資訊，甚至影響你連結到你的雙生的能力。

這是吸引力法則的基本原則：你放出什麼，就收回什麼。因此，舉例來說，假使你在生氣時拿起擺錘且嘗試溝通，那麼接收到的回答將會是憤怒。而且十次有九次，那股憤怒不會來自你本想與之溝通的靈魂。它反而來自較低階的能量存有。請記住，同類相吸。要成為光，與光一起工作。

使用擺錘

使用擺錘很容易，但你應該要遵循正確的方法。當你沒有正確地利用擺錘時，它其實變成毫無價值的工具。假使你不是正確地連結，就無法正確地接收資訊，這是使用你的擺錘與雙生火焰連結的方法。

首先，深呼吸、扎根接地、引入宇宙的白光，藉此清理你的能量。一旦清理完成，你可以拿起你的擺錘，但在這之前不宜拿起你的擺錘。

接下來，召請你的靈性團隊，這個團隊將會由你的指導靈、天使、摯愛等等組成。你是否知道祂們是誰其實無關緊要，祂們就在那裡協助雙方溝通。當我召請我的團隊時，我個人也將耶穌囊括在內。

以下是我所採用的完整意念：

我發出意念，要利用這次療程與我的雙生火焰溝通。我請求我所有的指導靈、天使、摯愛、耶穌大師，圈住我與我的雙生火焰之間，且照亮我們之間清明溝通的道路。允許大天使麥可（Archangel Michael）的保護能量，包裹住這次溝通、我們的能量、這個空間、這次連結。只允許我發出意念要溝通的對象出現。我打開心扉接收。正是如此，一切如是。阿門。

多數擺錘在鏈條末端都有某物可以緊緊抓牢。用你的拇指和食指輕輕地抓住它。不要抓得太緊，好的，你希望它能夠隨著來自靈的能量流動。要設法確保用你的慣用手握住擺錘，且將手臂向外伸，遠離身體。

請求擺錘讓你看見答案是「是」的運動。「請讓我看見『是』的運動。」

請擺錘讓你看見答案是「否」的運動。「請讓我看見『否』的運動。」

現在，詢問擺錘三個測試問題，記下你接收到的答案。假使答案正確，請繼續。假使答案不正確，請回到第一步，再次清理你的能量，然後重新設定你的意念。

詢問問題，藉此引導你的療程。這有點像玩靈性大冒險，但不是以問題的形式回答，答案只能是「是」或「否」（好吧，至少一開始是這樣。你愈常練習，就愈能夠破譯是或否以外的答案）。

舉例來說，你可以詢問你的雙生：「你的生日是四月嗎？」而擺錘將會表示「否」作為來自你的雙生的回答。

「好，你的生日是在四月之前嗎？」擺錘表示你的雙生回答「是」，然後你可以詢問對方的生日出現在哪一個月分，一月、二月或三月。

一旦你決定結束療程，務必感謝你的雙生和你的靈性團隊，然後請你的團隊幫忙結束療程。

不要只是放下擺錘卻不關閉療程，這就好像暴雨時開著車窗一樣，雨水依舊流入車內。能量仍然在那個活躍的擺錘內部、周圍、穿過它流動。

以下是我用來關閉療程的完整意念：

我發出意念，這個擺錘療程現在關閉了。我想要感謝我的雙生火焰，我釋放你的能量。請回家。大天使麥可，請清理此時附著在這個擺錘的所有能量，當祢完成時，請讓擺錘轉圈，讓我知道。我心懷感激。正是如此，一切如是。阿門。

關閉療程包括清理你的擺錘的能量。這只是表示，已經移除掉你的靈性團隊——在療程期間提供幫忙時所留下的任何額外能量。

這裡有一則提示：你也可以在開始擺錘療程之前，開啟阿卡莎紀錄，而且運用擺錘得到阿卡莎紀錄中的答案。你仍然按照我在此概述的步驟，但首先使用一般的意念祈禱開啟阿卡莎紀錄，它是非常高階的振動，你一定會得到驚人的能量回應。

通靈板

同樣的規則也適用於通靈板：你必須始終帶著自己平靜、清明、開放、準備好的能量接近它。假使你沒有清理自己的能量，不是出自某個客觀的愛的地方，請不要嘗試使用通靈板溝通。請記住：同類相吸。假使你帶著憤怒進來，那就是你將會接收到的回應，不管你是否多次召請你的靈性團隊提供指引和保護。

每當我們目睹電視上和電影中應用通靈板（又稱 Ouija board）的時候，往往根本沒有使用適當的方法（或是至少沒有讓觀眾看到適當的方法）。不當地使用占卜工具，有可能接觸到彼岸不屬於光明面的靈，在沒有適當的方法在場幫忙使用和管理工具時，這種情況最常見。

通靈板，無論是向商店購買或自己製作，都必須把所有能量清理乾淨。適用於擺錘的原理在這裡同樣適用：在你得到這塊通靈板之前，不知道有多少其他人曾經在這塊通靈板上留下他們的能量印記。假使你用紙或其他方法製作了你的通靈板，仍然應該要好好清理這塊通靈板。你無法確定你是處在最佳的心境，或無法確定在你製作這塊通靈板時，你的能量是平靜的。你可以使用以下任何方法來清理你的通靈板。

就跟擺錘一樣，你可以將通靈板放在窗台上或戶外某個安全地方，不會遭別人破壞和觸碰。月亮的能量將會確保你的通靈板清明且準備好可以使用。

你可以製作海鹽或猶太鹽（kosher salt）和冷水（⅓杯水，1茶匙海鹽）混合液，將混合液噴灑在乾淨的布或紙巾上，然後清洗通靈板。不要用混合液淹沒通靈板，沒有這個必要，只要將混合液噴灑在乾淨的布上並擦拭通靈板即可。鹽可以清理能量，我個人使用來自死海的鹽。

讓自己扎根接地且歸於中心，然後發出意念，請宇宙的白光穿過你的頂輪進入你的身體。然後，將雙手放在通靈板的中央，發出意念，請宇宙的白光清理通靈板，從一個角落到另一個角落，從正面到背面。

使用通靈板

多虧了好萊塢，讓通靈板變得惡名昭彰！但其實使用通靈板真的很容易，而且沒有什麼好害怕，只要使用方法正確。

首先，深呼吸、扎根接地、引入宇宙的白光，藉此清理你的能量。完成這事後，你就可以處理或觸碰通靈板了。在你清理自己的能量之前，不要那麼做。

接下來，召請你的靈性團隊，我在這個請求中將耶穌囊括在內。

我也運用大天使麥可的保護能量，圈住我自己、我的能量、我的雙生和他的能量、我所在的空間，以及這次療程的整體能量。

以下是我用於每一次療程的整個意念：

我發出意念，要運用這次療程與我的雙生火焰溝通。我請求我所有的指導靈、天使、摯愛、耶穌大師，圈住我與我的雙生火焰之間，且照亮我們之間清明溝通的道路。我發出意念，這次療程，包括我自己、我的雙生、我的靈性團隊，以及這個空間的能量，都受到神的保護，而且被大天使麥可的強大能量覆蓋了。只允許我發出意念，且請求進入本次療程的對象出現。什麼都無法穿透我的天使保護。正是如此，一切如是。阿門。

當然，你可以找到適合你的內容，重點是，當我動用通靈板的時候，我召請所有天使，為的是確保一切受到神的保護，而且是基於每一個人的最佳利益和至善。

假使你只是在療程中溝通：請將雙手食指輕輕地放在通靈板上。然後，你可以請求你的雙生將他的能量帶過來好好溝通。雙手手指不要離開通靈板，也不要用力按壓，能量需要能夠自由地流動。

這裡有一個提示：你也可以使用擺錘在適當的字母上方擺動。假使你選擇以這種方式運作，請同時遵循準備擺錘的流程。

首先從比較簡單的問題開始，你並不想讓自己或你的雙生不堪重負。「請告訴我你的名字的第一個字母。好的，現在拼出你的名字的其餘字母。」

以下是另一個提示：嘗試將你的療程錄音下來。你的雙手手指不應該離開通靈板（或擺錘；看你決定使用哪一種工具），因此你無法寫下接收到的任何資訊。你可以嘗試記住所有內容，但是當你在療程期間進入狀態時，要記住問了什麼問題已經很不容易，更甭提記住接收到的答案了。

一旦你決定結束療程，一定要感謝你的雙生和你的靈性團隊，包括大天使麥可。不要直接把通靈板收起來，然後認為那就結束了。在你關閉療程和清理來自療程的能量之前，它仍然是一個開放的溝通管道，要請求你的團隊幫忙關閉療程。

關閉你的意念：

我發出意念，本次療程現在關閉了。我要感謝我的雙生火焰，我釋放你的能量。請回家。大天使麥可，請清理此時附著在這塊通靈板上的所有能量。我相信祢已經這麼做了。感謝祢的協助。我很感激。正是如此，一切如是。阿門。

為了確保將通靈板上每一個人的能量都清理乾淨（尤其假使我與其他幾個人一起進行療程），我再次使用鹽水混合液清理通靈板。我把通靈板擦乾，然後收起來，我不讓通靈板自然風乾。

當我第一次使用通靈板嘗試與奇科溝通時，他並不熱衷通靈板。他寧願我嘗試運用我自己的通靈能力與他交談，而不是仰賴通靈板。這是我個人功課的一部分，旨在幫助我更加敞開迎向靈且好好體驗它們。

我提到通靈板是為了舉例說明某事很重要：你的雙生知道什麼與你起共鳴，什麼不與你起共鳴。假使你嘗試通靈板但收效甚微或沒有成功，請不要絕望。那只是意謂著，通靈板不是與你的雙生溝通的最佳方法。我通常說，假使你嘗試了三遍都沒有成功，那麼可能最好遠離通靈板，至少離開一段時間，你的雙生可能會有更好的途徑與你溝通。

請記住，你可以使用通靈板與化身和非肉身雙生火焰溝通。假使他在彼岸，那麼你只要將他的能量帶進來參與療程，但是如果他化身在人世間，那麼你需要許可，才可以與你的雙生的高我溝通。

靈媒與雙生火焰

本節確實比較豐富詳實。重要的是要理解如何與靈媒一起進入解讀。人們時常會向靈媒求助，幫忙與彼岸的雙生溝通。我曾經為人熟知的是，尋求與其他靈媒一起進行療程，只是為了讓想說話的奇科有機會透過他們說話。誠然，我與他人一起進行的解讀，並不總是以驗證我的關係為中心。我的其他摯愛、指導靈、天使、其他人，也會穿透過來提供慈愛的訊息，但時不時地，奇科會出現，透過靈媒提供許多錯綜複雜的細節，因此他的臨在是不可否認的。所有那些時刻都記錄在我的日記中，不只是與靈溝通，也是驗證雙生關係。無論訊息是什麼，奇科總是將直接的驗證，扔進以我們的雙生火焰連結為中心的解讀。

考慮借用這類協助來驗證你們的關係並沒有錯，你只是需要設法確保首先設定你的意念，因為你的雙生知道你需要什麼。你也必須理解指導方針。是的，無論你與誰一起進行通靈解讀，都應該有指導方針。假使沒有，請不要留下來解讀。說正經的，立馬起身離開。

首先，或許除了你的名字，不要提供靈媒任何資訊。假使你那麼做，你的驗證便無效。舉例來說，不要走進某場通靈解讀然後這麼說：

「嗨，我叫萊絲莉，我認為亞伯拉罕．林肯（譯註：解放黑奴的美國前總統）是我的雙生火焰，因為我有過所有這些經驗，讀過所有這些書籍，而我希望你告訴我，我是對的。」

你已經提供太多資訊給靈媒了。假使靈媒無恥而自私，可能會回答一些像這樣的話：

「嗯，他當然是雙生火焰！我現在完全可以看見你們倆之間的相似點。我的意思是，你的名字和他的姓氏都是同一個字母開頭，真是太驚人了！」

我絕不會那麼做。除了告訴我你的名字，我會阻止你說出任何事情。假使你提供了靈媒需要的所有資訊，那麼靈媒恐怕幫不上忙，或無法希望這位靈媒證明那段雙生火焰關係。不要提供資訊給靈媒，那不是你分內的事，你的職責是接收資訊。

有一次，朋友讓我聆聽一段錄音，她認為，這段錄音是驗證解讀，驗證她對她的雙生火焰的想法。這段解讀令我心痛沮喪。錄音中，朋友問了一連串問題，但她並沒有說「我其實只是想要更了解我的雙生火焰」之類的話，反而說出了她認定的雙生的名字，解釋了為什麼她相信這個人是她的雙生的緣起，然後等待驗證回應。

聽到那位靈媒回答：「是的，你當然正確。」我並不訝異。

那之後，我沒有再聽下去。不需要靈異人士也可以預測結果如何。

從靈媒獲得真實驗證的唯一方法是，讓在彼岸的雙生提供資訊。假使有真正、確實的連結，你的雙生總是會驗證它。我們知道，無論如何，雙生火焰始終相連，因此那份連繫總是會得到驗證。與靈媒一起走進解讀的最佳方法是：

「你好！我叫萊絲莉，我現在打開心扉接收。」

首先設定你的意念，請你的雙生在療程期間進來。你可以大聲詢問，或在心裡默默詢問，或寫在紙上。不管你怎麼詢問，你的雙生都會理解你。請記住，靈媒無法保證誰會或誰不會過來。彼岸的靈對此有掌控權，有時候，你的雙生可能會認為，有另一位具有其他專業的靈媒，可能更適合他想要帶給你的那種驗證。請求你的雙生帶領你找到對的靈媒，那並沒有錯。

這也適用於接收來自於已化身的雙生火焰的驗證，方法是詢問你的雙生的高我，是否允許與這位靈媒連結。高我透過靈魂連結到神性，因此靈媒可以在心靈層面連結。心靈層次（psychic level）與通靈層次（mediumship level）之間的差異很簡單：只是不同類型的能量。

心靈能量與你的氣場和高我連結，這是靈異人士可以連結的唯一能量。通靈能量直接連結到彼岸的能量。所有靈媒（medium）都是靈異人士（psychic），但並不是所有靈異人士都是靈媒。靈媒也可以連結到氣場和高我的這些能量，但是他們與彼岸的靈連結，藉此取得資訊。向他人尋求關於雙生火焰關係的驗證時，我會建議從靈媒開始。

我自己的一些驗證

我有過許多次在其中接收到來自奇科的訊息和驗證的解讀，多到無法一一列出。我已將那些保存下來，大部分以書面形式和照片。然而，當我真正開始懷疑我所學到和體驗到的一切的時候，我接收到最深刻的驗證。當時我幾乎即將甩掉我完成的所有研究，準備繼續前進，忘記關於奇科的一切。我在二〇一五年三月十四日的一次事件中接收到以下訊息：「你是我的另一半——而現在，**活出你的人生**（LIVE YOUR LIFE）。」

當時的靈媒，羅蘭．康度（Roland Comtois），對我一無所知，然而這卻是他為我傳達來自奇科的書面訊息。你一定會注意到，最後幾個字都是大寫字母：「**活出你的人生**。」我一直認為，說那樣的話讓奇科覺得很有趣（對傳達來自奇科的訊息的靈媒來說，也很有意思）。我相信那句話的本意是讓我提神一下，彷彿奇科正說著：「別讓亂七八糟的事令你沮喪，走出去，好好生活。」隨著時間的推移，我的見解演變成他可能是在說：「不要再浪費時間證明雙生火焰這整件事了。我們是誰就是誰，所以相信自己的本性，然後繼續前進。」我相信這點有一部分仍然是真理，但我也發現了其他同時令我既震驚又高興的事。

你的雙生將會始終以每一種可能的方法，驗證真實的連結和關係。奇科給了我關於這篇通靈傳訊報告的驗證，而我花了差不多五年時間才注意到。我找到了奇科還活著時的著作，在他的簽名之前是大寫字母的「活下去」（LIVE ON）。「活」（LIVE）這個字看起來跟我的通靈訊息裡的「活」，幾乎一模一樣。發現這事時，我倒抽了一口氣。這向我表示，至少羅蘭的手寫訊息這部分可能是奇科的筆跡，而不是羅蘭的。我看見奇科在世時的一些其他事物指出，這可能是真實的，主要是因為筆跡看起來非常相似，不會弄錯。

也許你的驗證可能不像奇科的驗證那麼大膽或戲劇性，因為相信我，有時候，他必須帶著訊息和驗證直接出現在我面前。那只是證明，真實的關係總是可以得到驗證和證明，無論他們在什麼層面。

以下方法可能描述得比較簡短，但它們與前兩種方法一樣有用。所有這一切的主題都很簡單：只是放鬆和允許。這裡有許多能量的工作，重要的是，讓你的肉身自我扎根接地，然後提升你的振動，讓你可以保持開放，與你的雙生互動。這些方法適用於非肉身雙生和化身雙生，不過對化身雙生來說，你正在請求許可與對方的高我互動。永遠要記住，在嘗試每一種方法之前，先設定你的意念，事後則要關閉療程。

方法三：自動書寫

自動書寫（automatic writing），是透過親手書寫或經由在電腦上打字，通靈傳導來自你的雙生（或一般而言，來自彼岸的靈）的言語或想法。有時候，你甚至能夠通靈傳導，以對方的筆跡而不是你的筆跡寫成的文字。當阿卡莎紀錄開啟的時候，這對雙生來說最有效，而且你設定了明確的意念，要通靈傳導來自你的雙生的訊息。

這個方法的關鍵是放鬆和允許。無論是感應你的非肉身雙生還是你的化身雙生的高我，起初可能感覺很奇怪。你基本上是在准許你的雙生用你的手書寫，或用你的手指在鍵盤上打字。每當奇科透過我書寫時，我的手便感覺到跟使用擺錘時一樣的刺痛感。這個驚人的方法，是你自己與你的雙生之間的另一種直接溝通。

這個方法有同樣的準備工作，如此你的能量才不會在任何方面受到損害。必要的是要記住，同類相吸，假使你帶著不平靜的能量接近這個方法，那麼無論你在意念中祈請誰，那就是你會得到的回應。在療程開始前，花幾分鐘安靜地坐著，深呼吸，然後完成清理你的能量、讓自己扎根接地、提升你的振動的流程。你還需要決定，你需要坐在鍵盤前，還是需要紙和筆。每當我進行來自奇科的通靈傳訊時，我通常用某支特定的筆在筆記本上書寫。

設定意念很重要。我會為你帶來我在阿卡莎紀錄之內和之外使用的兩種意念。

以下是我在阿卡莎紀錄之外的療程中採用的意念：

我親愛的雙生火焰，我發出意念，要利用這次療程作為表達你的言語、思維、想法、靈感的方法。我准許你使用我的能量、我的思維、我的聽覺、我的體形特徵的其他必要元素，來表達你自己。我召請我們的指導靈、摯愛、天使、耶穌大師、大天使麥可，前來圈住、保護、指引這次療程。我敞開接收我的神性對應版本的能量。正是如此，一切如是。阿門。

做一次深呼吸，放輕鬆。假使你願意，甚至可以閉上眼睛。你一定會知道，療程何時開始。對我來說，我感覺到我手上的刺痛感，然後我的手開始移動。

你可以事先準備問題，也可以允許你的雙生自由地書寫，那是你的選擇。

這裡有個提示：你的雙生永遠不會厭倦寫信給你。經由鬧鐘設定時間限制。你可以從五分鐘的較短療程開始，然後逐步向上遞增。你的雙生正在運用你的能量和身體來協助他，所以重要的是，你不宜筋疲力竭。

決定結束療程時，不要只是放下筆。假使你正在打字，不要只是把鍵盤收起來。這些仍然是開放溝通的器皿。能量仍然臨在，你必須正確地關閉療程。以下是我的關閉意念：

我親愛的雙生火焰，感謝你的時間、你的言語、你的愛，我現在釋放你的能量離開這次療程。請回家，我請求大天使麥可移除這項工具中和這次療程中的所有能量，我相信這已經完成了，感謝祢的協助。正是如此，一切如是。阿門。

談到阿卡莎紀錄，我們現在知道，開啟阿卡莎紀錄之前，必須有明確的意念。你可以設定明確的意念，要了解阿卡莎紀錄內許許多多不同的事物。你可以了解的內容是很迷人的。由於你也可以在阿卡莎紀錄內直接與你的雙生溝通，因此重要的是，盡可能有許多方法可以促進那份連結。以下是在阿卡莎紀錄中涉及來自奇科的自動書寫時，我所採用的開啟和關閉祈禱。

開啟阿卡莎紀錄

神聖的光之使者們，

感謝祢們慈愛的臨在。我帶著敞開的心和開放的頭腦來到祢們面前，它們都準備好要接收祢們的指引。我希望在祢們的指引之光內看到、感覺到、知道、理解到、體驗到與我的靈魂另一半的神性連結。我希望與我的神性對應版本，分享和接收書面的溝通（或電子通信）。我請求祢們的協助和智慧，為我自己（在此處插入你當前的法定全名）服務。

正是如此，一切如是。阿門。

阿卡莎紀錄現在開啟了。

關閉阿卡莎紀錄

神聖的光之使者們，

感謝祢們的指引，以及祢們的智慧。感謝祢們允許我透過祢們沒有評斷或恐懼的眼睛，體驗到這份神性的夥伴關係。感謝祢們分享祢們的愛，我很感激我接收到的一切。

正是如此，一切如是。阿門。

阿卡莎紀錄現在關閉了。

方法四：心靈占卜

心靈占卜（psychometry）是形上學方法的名稱，用於經由物體或照片與某人的能量連結。這也可以包括某人的影片。我們接觸或隨身攜帶的一切，都會留下能量的印記，包括我們的照片。當我們與另一個人的能量連結時，我們可以與對方的靈魂連結。

假使你擁有屬於你相信是你的雙生的物品或對方的肖像，你可以拿著那件物品或肖像，然後帶著它踏上雙生火焰旅程。假使它是你無法保有的東西，那就在腦海中攜帶著它的印象，然後完成雙生火焰旅程。假使這件物品屬於你的雙生，或者如果這是你的雙生的照片，你一定能夠透過臍帶與它連結，在所有的空間和時間中，那條臍帶永遠連結你與你的雙生。

在雙生火焰旅程外，你也可以使用照片、物品或影片，與你的雙生連結。你們的雙生火焰臍帶，是確定你與你的雙生連結的方法之一，因此你可以請求在意念中看到、感覺到、知道、理解到或體驗到——你們的臍帶附著在物品、影片或照片上，這條臍帶始終代表真實而有效的關係。

記住首先要清理你的能量，確保你的能量平靜且毋庸置疑。以下是我採用的意念：

> 我發出意念，要利用這件物體、照片或影片，作為與我的雙生火焰的連結。假使這是真實、有效、正確的連結，請允許我體驗到、看到、感覺到或理解到——存在我的神性對應版本，與我自己之間那條獨一無二且牢不可破的臍帶。除了用來確立和證明雙生火焰連結外，它無法以任何方法被複製。正是如此，一切如是。阿門。

我有一件奇科在世時的物品。我在了解我們牢不可破的臍帶之前收到這件物品，儘管在觸碰這件物品的那一刻，我立即感覺到他的能量。這件物品上有他的指紋和他的簽名，所以即使經過差不多三十年的時間，他的能量仍然可以觸知。

我最近又拿出這件物品，而且設定我的意念，要看見我們的臍帶附著在這件物品上，我用我的靈視力體驗到令人敬畏同時相當有趣的景象。那條臍帶不只附著在這件物品上，而且緊緊地纏繞住這件物品，因此它看起來彎彎曲曲。我憑直覺知道，這通常是奇科當面揭示我們的臍帶的方法。

方法五：塔羅牌與神諭卡

這些牌卡是占卜工具，通常用於取得來自你的高我和靈魂的資訊。塔羅牌主要在心靈解讀中用於與高我連結。人們也以同樣的方式使用神諭卡，不過許多神諭卡也可以用來連結彼岸和更高界域的靈，例如天使與大天使。甚至有一些特定的套牌，主要聚焦在雙生火焰連結。

當我嘗試這個方法時，我買了一副套牌，甚至在我開啟這副套牌之前，便設定了意念：我只會用這副套牌與我的雙生溝通。每次使用這副套牌時，我也都重新設定那份意念，而且在每次療程期間召請我的靈性團隊尋求指引、協助、保護。

不過，你應該事先做一些準備工作。首先，清理你的能量。在你觸碰這些牌卡之前，很容易就有其他三十個人碰過這些牌卡，即使牌卡是全新的，包裹在塑料中，所以清理牌卡很重要。你可以運用清理擺錘的同樣方法清理牌卡：

- 將你的套牌放在窗台上過夜，允許月亮的能量清理它。
- 左手握住套牌，將宇宙的白光向下拉進來，穿過你的頭頂，穿過你的身體，進入套牌清理。
- 左手握住你的套牌，然後設定意念：宇宙的白光會穿過你的頂輪進來，穿過你的身體，盈滿你的肺，然後將白光吹入你的套牌。
- 你也可以左手握住套牌，用右手敲三下。敲牌卡頂三次，將能量清理掉，這麼做為你的能量騰出空間。

清理完成後，你可以觸碰每一張牌，藉此將你的能量注入套牌內。如此，你只允許特定的能量，也就是你的雙生的能量，與你的能量融合。你可以利用這副套牌作為工具，占卜來自你的高我與你的靈魂的資訊。這麼一來，這是另一種可以用來證明雙生關係的方法。你也可以與你的化身雙生的高我連結。重要的是要記住，這些方法適用於地球上的雙生以及彼岸的雙生。

一旦你為自己和你的套牌做好適當的準備，就該是設定意念的時候了。這份意念很簡單但有效：

我發出意念，將這副套牌用於明確的目的，用來與我的雙生火焰及其高我的能量溝通。我祈請我所有的指導靈、摯愛、耶穌、大天使麥可，前來掌管這次療程且用保護的光圈住我們。我邀請我的神性對應版本，在本次療程內在這套牌卡中分享他的能量。沒有其他人可以進入或滲透我們的神聖空間。正是如此，一切如是。阿門。

假使你的套牌附帶說明書，建議你從頭到尾好好讀一遍。然後不要再使用說明書。與牌卡組一起運作的重點完全在於你的感受：這張牌卡讓你感覺如何？感覺它正在對你說什麼呢？你接收到來自牌卡的感覺，往往可能與套牌作者的初衷並不完全一致。當這種情況發生時，你很容易忽視自己的直覺。不要忽略你的直覺。你的答案並不總是來自於書本，它始終來自於你的直覺以及你的雙生。

你可以在療程期間提出你想要詢問的任何問題。沒有特定的提問方式，也沒有規定問題必須是什麼形式。你只需要提問和接收答案。當療程結束時，請記得要關閉療程。你的牌卡仍然是能量流經的開放門戶，因此關閉療程很重要。你可以運用以下簡單的意念：

我發出意念，本次療程現在關閉了。我釋放我的神性對應版本及其高我的能量。請回家。我請求大天使麥可清理這個空間的所有其他能量。正是如此，一切如是。阿門。

關閉療程後，回去瀏覽整副套牌，而且觸摸每一張牌卡。這會將你的能量密封在剛清理好的套牌上（蒙大天使麥可提供）。

你也可以依據這些牌卡，僅用於與你的雙生溝通的意念，創作你自己的牌卡。舉例來說，你可以採用對你有意義的圖像或從雜誌上剪下來的文字。然後，你可以將它們黏貼到卡片上。一開始，我創作了一套卡片，運用來自網際網路的圖像黏貼到卡紙上。我運用經由得到指引找到的圖像，而第一張卡片是奇科的照片。這有助於設定意念：這副套牌只能用來與他溝通。

那完全取決於你。最重要的事情是設定意念。

方法六：靈的藝術

靈的藝術是由彼岸的靈創作，或因彼岸的靈占卜而得的任何藝術類型。我通常將這個類別分成兩類：靈的畫像以及「靈的創作」。我們先討論「靈的創作」。

靈的創作

你必須記住，所有事物都是由能量創造的。即使彼岸的靈不再有肉身，但那並不意謂著，他們無法創作繪畫或啟發音樂旋律。他們絕對可以。沒有肉身使創作變得更容易，因為沒有局限。他們可以素描、塗彩、上色、唱歌，或完成他們想做的任何事情，無論他們在世時是否可以那麼做。我見過將紙條放進籃子裡然後蓋起來，幾分鐘後，揭開紙條，每張紙上都呈現出彼岸的靈完成的不同圖畫。這是有可能的。假使你的雙生是非肉身，可能你也可以請求他為你創作藝術。

我有一些奇科為我完成的藝術。獨一無二，因為我在畫筆的末端繫了某種細繩，將它用作擺錘。奇科能夠自由地到處移動它，創作一些有趣的圖案，這只是靈如何創作藝術的一則實例。不要局限自己，要有創意地完成你的請求、你的意念、與你的非肉身雙生一起工作的意願。

「靈的創作」類別也適用於化身雙生，因為你將會允許對方的高我創作這類藝術。這類藝術往往可能包括指引你找到線上或雜誌、書籍中的圖像。這是因為雙生的高我，正試圖以你既可以理解又不會拒絕的方式溝通。

靈的畫像

這類藝術通常由靈媒完成，這位靈媒有能力畫出與他們溝通的彼岸的靈的肖像，或來自彼岸的靈的肖像。這適用於化身和非肉身雙生，但我自己的經驗，傾向於這個方法主要適用於那些已過渡轉換到彼岸的靈。

假使你有藝術傾向，你可以開啟阿卡莎紀錄，並請求與你的雙生連結，根據你所看到的創作藝術。最好採用與開啟阿卡莎紀錄進行問答療程相同的意念，加上另外補充的幾點：

開啟阿卡莎紀錄

神聖的光之使者們，

感謝祢們慈愛的臨在。我帶著敞開的心和開放的頭腦來到祢們面前，為的是在祢們無限的能量內探索特定問題的答案。我希望與我的神性對應版本的能量連結，讓我可以運用藝術記錄對方的臨在。感謝祢們的協助。請在祢們的指引之光內，指點我找到我的靈魂能量，而且請協助我有能力在藝術上記錄我的神性雙生。我請求這點為我自己（在此補上你目前的法定全名）服務。

正是如此，一切如是。阿門。

阿卡莎紀錄現在開啟了。

關閉阿卡莎紀錄

神聖的光之使者們，

感謝祢們的愛、指引、智慧。我很感激我接收到的一切。

正是如此，一切如是。阿門。

阿卡莎紀錄現在關閉了。

在療程期間，你可以詢問你的雙生關於對方最近一次存在人世間的外貌，你可以提出諸如此類的問題：

- 你的膚色是什麼顏色？

- 你可以讓我看見你的眼睛有什麼顏色嗎？
- 你可以讓我知道你多高嗎？
- 你可以讓我知道你的頭髮的全長，以及頭髮的自然顏色嗎？

這些只是幾個例題。可能性是無止境的。在阿卡莎紀錄中，你可以透過光之使者們的眼睛看見你的雙生，因此你所目睹的不管什麼內容都蘊含清明與純淨。

雖然我自己完成過幾幅這類畫像（其中某些是在我的通靈能力真正全面展開之前的作品），但我收到的第一幅奇科的靈的畫像，卻是由一位真正的「靈之藝術家」（spirit artist）完成。它是在我知道我們的神性連結之前一年左右收到的。我接收到的解讀，以及我的奇科畫像充滿許許多多關於我們的經驗的驗證，那確實是我的第一塊拼圖，儘管我當時並沒有領悟到這點。我只是認為，擁有每夜在夢中與我溝通的那個傢伙的畫像，實在是太酷了。那是必不可少的驗證拼圖，證明奇科是真實的，不只是我想像中的虛構人物。

不要忘記你們的臍帶

你也可以運用連結你們的雙生火焰臍帶，以藝術形式紀念你的雙生。若要做到這點，你要設定意念，運用你們的臍帶連結，利用它將你的雙生拉得夠近，才能體驗到一種畫出對方的方法（或創作某種其他類型的藝術）。

這份意念與用於心靈占卜的意念幾乎相同。

我發出意念，我將會體驗到、看到、感覺到或理解到——存在於我的神性對應版本與我自己之間的那條獨一無二且牢不可破的臍帶。除了用來確立和證明雙生火焰連結外，它無法以任何方法被複製。我進一步發出意念，要運用創造這條臍帶的共享靈性DNA的力量，使我的雙生火焰更靠近我。我召喚我的靈魂雙生來到我身邊。正是如此，一切如是。阿門。

療程結束時，請記得關閉療程。你可以採用以下簡單的意念：

我發出意念，本次療程現在關閉了。我釋放我的神性對應版本的能量。請回家。我請求大天使麥可清理這個空間的所有其他能量。正是如此，一切如是。阿門。

一般而言，所有這些方法通常也可以用於協助與靈溝通，但是如果你正在設定希望與你的雙生連結的明確意念，那麼你不可能得到不正確的資訊。

你還必須記住，一旦你開啟與彼岸的靈溝通的大門，那扇門只會愈開愈大。了解溝通時，請不要以為只有雙生火焰（乃至你的雙生的高我）可能會與你溝通。我開始了解彼岸的靈，是帶著找到方法讓奇科閉嘴的明確意圖。結果，我反而學到了許許多多。你永遠不知道可能會發生什麼事，所以只要做好準備即可。

結語

我們已經討論了許多證明雙生火焰關係的不同方法，還有許許多多涉及更多的靈魂工作，以及在其他維度與你的雙生進一步溝通。我必須承認，當我坐下來進行研究，且寫下我用來理解和證明自己的雙生火焰關係的方法時，我有點招架不住。

我領悟到的驚人之處是，儘管我多次抗議且強烈渴望反駁這整個概念，但我需要的所有證據都來自我的雙生。每一步，他都在那裡，為我帶來我所需要的事物，儘管我當時並沒有意識到。這就是為什麼我一再建議你記錄和寫下每一件事。當時我認為沒有意義或看似無關緊要的內容，結果卻是我需要的資訊。我花了一陣子才明白這點。

所以，我們已經走過了所有這些方法，而且如果你跟我一樣，一定已經收集了許多資訊。我有筆記本和活頁夾，裡面滿是我在過去二十年來大部分時間收集到的資訊。當我這個處女座產生對知識的渴求時，就會發生這種狀況。我永遠不知道最終會得到什麼。我確實知道的是，我得到的許多知識都進入了這本書中，協助你了解雙生火焰以及證明雙生火焰關係。

在獲得這類資訊和知識之後，我回顧了所有方法，領悟到它們全都有一個共同的主題。在處理和發現這類雙生火焰資料的時候，我得到許多轉化了我的洞見和教育。我從對整套雙生火焰一無所知的完全懷疑論者，變成了可以撰寫、定義、理解、證明整套雙生火焰的人。那是天壤之別。我希望你也一樣，希望你可以接受囊括在本書內的資訊和方法，且應用在你與雙生火焰的旅程上，以及應用在你蘊含恩典的靈性道路上。

在雙生火焰關係的核心，是那份宇宙神性之愛難以置信的振動，那創造出雙生火焰的靈性DNA。我認識的人，不管是誰，都想要契入那份驚人的愛的振動，包括我自己在內。我領悟到，由於理解到在我們的靈魂核心的這份神性之愛，繼續證明雙生關係對我來說不再重要了。我掉進了兔子洞，領悟到，唯一能找到的就是愛。

人世間有雙生火焰關係的終極證明。我的所有部分全都逐漸改變成這個完全信任自己和疼愛自己的存有；而且因為這麼做，我變得更加敞開接納我的雙生火焰。在我們的靈魂核心的愛，是相等且無與倫比的。一旦自愛和信任存在且變得不朽，那確實為雙生火焰關係的絕對驗證鋪平道路。無論你從他人看到、感覺到、聽到、體驗到或理解到什麼，沒有什麼比你與你的神性對應版本之間牢不可破的連結更有意義的了。

換言之：那份連結從你開始，它始於你的好奇心和你的意願，願意成長、學習、獲得必要的雙生火焰相關知識。

致謝

在我的靈性旅程上，我有幸遇見了不起的人們。對於曾經與我分享時間、愛、能量、性靈的每一個人，我打從心底感謝你們的啟迪和你們的光。

我最衷心的讚賞與感激要獻給鹿林國際出版社（Llewellyn Worldwide）難能可貴的成員，包括比爾・克羅斯（Bill Krause）、珊卓・K・威斯克（Sandra K. Weschcke）、艾咪・葛雷瑟（Amy Glaser）、瑪嬌莉・奧圖（Marjorie Otto）、泰利・羅曼（Terry Lohmann）。感謝你們相信我且幫助我實現我的願景，感謝你們讓我能夠與世界分享我的故事和我的工作，我無法用言語完全地表達你們大家帶給我的喜樂。也要感謝丹尼斯・盧吉（Dennis Ruge），你的協助非凡而出色，我十分感激。

我想要感謝我美麗的靈魂家族，打從一開始便在這趟旅程上陪伴我的人們，以及一路上加入的你們。沒有你們，我不會是現在的我。感謝你們的愛、支持、鼓勵。感謝你們也與我分享你們的故事。誠心感謝我的靈魂伴侶們，同意將他們的故事囊括在這些頁面之中。我也傳送愛、光、感激給已經從今生過渡轉換的那些人。

安東妮（Antoinette）、芮貝卡（Rebecca）、伊莎貝拉（Isabella）、狄艾特（DeEtte）、麗莎（Lisa）、黛安（Diane）：感謝你們的善意美言，感謝你們願意在一個女孩子需要幫忙的時候幫助她，我對你們的感激溢於言表。

衷心的感謝和愛獻給我在人世間的家人，感謝你們持久的愛和無盡的支持。媽，您的愛、您的支持、您的「那是什麼意思？」不僅幫忙形塑這趟旅程上的我，而且幫忙形成本書中的大量研究。我愛您。

爸爸，在您去世之前，您問我工作如何。我們坐下來詳細地討論了每一件事，包括本書的內容，當時只是一堆筆記本和活頁夾。您告訴我：「全部寫出來，寶貝。」嗯，這就是爸爸。我不得不相信是您的手指引我勇往直前。感謝您的聆聽，感謝您相信我，感謝您的鼓勵。我愛您。

史蒂夫和莎拉：感謝你們在不知不覺中啟發了我的靈感。感謝你們成為一個女孩子所能冀望的最佳兄弟姊妹。我愛你們。

感謝你們——曾經選擇在我的旅程中分享的人們，以及允許我與你們分享我自己、我的故事、我的工作的人們。感謝你們容許我擁有歡樂與特權。我的意圖是，這本書在你的道路上協助和指引你。此外，我祈禱，這些頁面內含的資訊為你照亮道路。

最後，獻給我摯愛的奇科，我的光，我的全部，我的一切。感謝你相信我，我珍貴的隊友。我所有的愛。

詞彙表

風（Air）：元素之一，代表迅速、你栩栩如生的程度、以及以多種方式應用能量的能力。

阿卡莎（Akasha）：梵文字，意思是「基本物質」，萬物由它形成。這是阿卡莎紀錄的根源。

阿卡莎紀錄（Akashic Records）：集體的振動紀錄，記載每一個個別靈魂及其旅程。

世系（Ancestry）：運用一個人的種族淵源，研究祖先的直系血統。

入相位（Applying Aspect）：在星象圖中，這是指兩顆行星的度數，更加靠近因此形成更精確的相位。

水瓶座（Aquarius）：獨立、改善社會、革命理想的星座。

牡羊座（Aries）：行動和全新開始的星座。

上升點（Ascendant）：又名上升星座（rising sign），這是出生圖中的第一個角度，形成出生圖中的四個重要角度之一。它是第一宮的宮首或開始，也是你如何向世界其餘部分打招呼的指標。

相位（Aspect）：在星象圖中，這是兩顆行星透過合相、沖相、四分相、三分相等等，彼此和諧或不和諧地運作。

占星學（Astrology）：透過星象圖研究太陽、月亮、行星、恆星的運動和位置，以及它們如何影響人類的行為。

氣場（Aura）：不斷改變的能量流，就在肉身周圍。

巨蟹座（Cancer）：魄力與獨立的星座。

摩羯座（Capricorn）：務實、聚焦、感性、勤奮的星座。

基本（Cardinal）：引動改變的特質，作為星象圖合盤的一部分。

脈輪（Chakras）：身體的能量系統，幫助提升我們的靈性能量振動，以便達到物質之外的界域。每一個脈輪也協助肉身體適應、釋放、清除影響肉身體的能量。

追方（Chaser）：在雙生火焰關係中維持和平的雙生。這角色可能會隨時在雙生之間轉換。

靈嗅力（Clairalience）：清明的嗅覺；這是聞嗅的能力，可以聞到正常嗅覺範圍之外的東西。它通常涉及來自靈的氣味，例如它們最愛的花或古龍水，這些氣味並非源自於化身。

靈聽力（Clairaudience）：清明的聽覺；這是接收直覺訊息的能力，未必使用物質耳朵。這往往是透過內在的聲音或靈。

靈認知力（Claircognizance）：清明的知曉；這是懂得人們永遠無法辨別的事物的能力。可以將它描述成「直覺」或「就是知道」。大部分將這種神通歸類成靈感力的一部分。

靈味覺力（Clairgustance）：清明的品嚐；這是無須將任何東西實際放入口中即可品嚐事物的能力。這通常來自靈，為的是證明生命的連貫性。

靈感力（Clairsentience）：清明的感覺；這是經由感覺、情緒或身體感官，接收直覺訊息的能力。

靈視力（Clairvoyance）：清明的看見；這是經由第二視力接收直覺訊息的能力。肉眼可以感知靈乃至來自靈的訊息，但多數時候，訊息傳過來就像你在頭腦中看電影一樣。

合相（Conjunction）：在占星學中，這意謂著統一與交融。

宮首（Cusp）：星象圖中某個角度的開始。

下降點（Descendant）：出生圖中的四個重要角度之一，這是與你的上升點對立的角度。它是第七宮宮首，指出你對他人以及關係的各個面向的覺知。

非肉身（Discarnate）：這是當靈魂沒有選擇出生進入生命且留在彼岸的時候，這麼做通常是為了幫助他們的化身雙生。

神聖女性（Divine Feminine）：靈性DNA中天生女性的部分，這存在於每一個雙生火焰靈魂之內。

神聖男性（Divine Masculine）：靈性DNA中天生男性的部分，這存在於每一個雙生火焰靈魂之內。

夢中探視（Dream Visitation）：這是靈在你的夢中探訪你的經驗，這是最容易的與靈溝通形式。

土（Earth）：元素之一，代表堅忍克己的反應，以及持久地應用能量的能力。

元素（Elements）：應用於星象圖的時候，有四個基本元素代表基本特性。

乙太的（Etheric）：這是較高階的空間區域，天空，天國。這是無形的空間。

乙太體（Etheric Body）：人體能量場的最低層，與肉身體接觸，可以維繫肉身體並使之與更高階的身體連結。氣場的第一層。

種族淵源（Ethnicity）：這是享有共同的文化、民族、宗教或語言的種族群。

費波那契數列（Fibonacci Sequence）：這是與神性模式和雙生火焰有關聯的數學數列。它是反映在建築物、音樂中的八度音階、玫瑰、松果、螺旋貝殼中的黃金比例（Golden Ratio）。若寫成規則，運算式是 $xn=xn-1+xn-2$。

火（Fire）：元素之一，代表自發性、衝動性、專心致志。

固定（Fixed）：保存改變的特質，作為星象圖合盤的一部分。

雙子座（Gemini）：溝通和多才多藝的星座。

家譜（Genealogy）：這是研究祖先之間的連續血統傳承。

鬼魂（Ghost）：無肉身的靈魂，已從人世間的生命轉換過渡，但尚未完全超越到彼岸，這通常是由於拒絕離開或沒有感應到它們的生命結束了。

上帝（God）：你對萬物無所不在的造物主的理解。

扎根接地（Grounded）：你的肉身體、大自然的能量場、氣場全都根植於地球。這是為了防止身體總是在更高的振頻振動，而不是在它正常應該在的振頻振動。

引導式冥想（Guided Meditation）：一種靜心冥想，通常由另一方帶領，協助你達到靜心冥想的狀態。

高我（Higher-Self）：我們存在乙太之中的部分，它為靈魂提供資訊和經驗。經由靈魂，高我連結到肉身體和宇宙。

較高階那一邊（Higher Side）：地球（較低階振動）與彼岸之間的空間。這可以有許多不同的名稱，但這是我們的高我自由漫遊的地方。當我們提升自己的振動，例如在靜心冥想時，我們將高我提升到這個星光層。

第一宮（House 1）：自我宮。這個宮位代表星象圖中的自我和個性，它的黃道十二宮星座是牡羊座，自然宮主星是火星。

第十宮（House 10）：地位宮。這個宮位在星象圖中代表名聲和事業，它的黃道十二宮星座是摩羯座，自然宮主星是土星。

第十一宮（House 11）：社群宮。這個宮位在星象圖中代表野心、志向、友誼、關聯，它的十二宮星座是水瓶座，自然宮主星是天王星。

第十二宮（House 12）：潛意識宮。在星象圖中，這個宮位代表隱藏的自我、未知、無意識，它的十二宮星座是雙魚座，自然宮主星是海王星。

第二宮（House 2）：金錢／財產宮。這個宮位在星象圖中代表自我價值、財產、金錢事宜，它的十二宮星座是金牛座，自然宮主星是金星。

第三宮（House 3）：溝通宮。在星象圖中，這個宮位代表溝通，它的十二宮星座是雙子座，自然宮主星是水星。

第四宮（House 4）：田宅宮。在星象圖中，這個宮位意謂著家庭、家族、根源，它的十二宮星座是巨蟹座，自然宮主星是月亮。

第五宮（House 5）：享樂宮。這個宮位在星象圖中代表歡愉、浪漫、創造力，它的十二宮星座是獅子座，自然宮主星是太陽。

第六宮（House 6）：任務宮。這個宮位在星象圖中代表工作、服務、特質、健康，它的十二宮星座是處女座，自然宮主星是水星。

第七宮（House 7）：婚姻宮。這個宮位代表星象圖中的一對一關係，它的十二宮星座是天秤座，自然宮主星是金星。

第八宮（House 8）：轉化與療癒宮。在星象圖中，這個宮位意謂著轉化和療癒，它的十二宮星座是天蠍座，自然宮主星是冥王星。

第九宮（House 9）：理念宮。這個宮位在星象圖中意謂著靈性、哲學、夢想、願景，它的十二宮星座是射手座，自然宮主星是木星。

催眠（Hypnosis）：一種技術，使人進入比較敞開且易受暗示的專注狀態，在這種狀態下，主體更加敞開接收訊息和改變生命的資訊。

天底（Imum Coeli）：又名IC（下層天界）和Nadir，是出生圖中四個重要角度之一。它意謂著我們的根，它也象徵基礎、生命的開端、承繼的經驗、保障、住家和家庭生活。它與天頂（Midheaven，或MC）對立。

化身（Incarnate）：這是當靈魂選擇誕生成為生命的時候，通常在地球上，但也包括其他行星與銀河系，以及不同的地方和時間。

無限數字（Infinity Number）：生命靈數的雙生火焰數字，象徵神性與永恆。這是數字8。當數字8橫躺時，它是有動力能量的無限符號。

旅程行進（Journeying）：一種靜心冥想，運用明確的目的和意念提升振動。

木星（Jupiter）：這顆行星在星象圖中代表擴展與好運。

左腦（Left Brain）：人腦中比較講究方法和善於分析的那一側。

獅子座（Leo）：慷慨、衝動、魅力、有力的星座。

天秤座（Libra）：直覺力、敏銳、無私、和諧的星座。

生命歷程數字（Life Path Number）：在生命靈數中，這個數字的計算是加總你的出生日期的各個數字，直至達到個位數為止。它的意義不僅指出個性，還揭示你生而為人的本性、對你最重要的事物以及你往往面臨什麼挑戰。

火星（Mars）：在星象圖中代表欲望的行星。

大師級建設者數字（Master Builder Number）：生命靈數的雙生火焰數字，表示靈魂進程的功課積累。這是數字22，這是大師級雙生火焰數字的兩倍。

大師級教師數字（Master Teacher Number）：生命靈數的雙生火焰數字，指出雙生火焰關係的教導面向。這是數字33，兩位雙生都在學習和教導他們在靈魂進程道路上學到的東西。

大師級雙生火焰數字（Master Twin Flame Number）：生命靈數的雙生火焰數字，與雙生的理想有關。這是數字11。不僅一加一等於二，而且每一個數字都代表一根「雙生火焰的支柱」（Pillar of Twin Flames）。這些支柱就像書擋，它們的能量源自於費波那契數列。

大師（Masters）：這些是一種指導靈，具有更高的理解，以及教導、理解、思考、慈悲、協助的無限能耐。耶穌往往被視為大師。

靜心冥想（Meditation）：這是當肉身體有目的地從自然振動提升到更高振動的時候。

靜心冥想的狀態（Meditative State）：乙太體處在振動比平時更高的振動狀態。

靈媒（Medium）：能夠與已經從地球上的生命過渡轉換的靈魂溝通的人。

水星（Mercury）：在星象圖中代表溝通風格的行星。

形上學（Metaphysics）：研究無形、非物質或靈性的人類經驗的本質。我們的自然身體感官、研究或技術無法偵測或量測到這些經驗。

天頂（Midheaven）：又名中天（Medium Coeli，上層天界）或MC，是出生圖中的四個重要角度之一。它指出終生職業、地位、人生目標、志向、聲譽，它與天底對立。

月亮（Moon）：代表情緒和情緒體，通常也象徵女性。

變動（Mutable）：多才多藝的特質，作為星象圖中合盤的一部分。

海王星（Neptune）：在星象圖中，這顆行星代表靈性和心靈的能力。

生命靈數（Numerology）：數字的研究，確定數字對個人人生、健康、活力的影響。

生命靈數圖表（Numerology Chart）：在生命靈數中，這是內含所有數字的定義的圖表，描繪對一個人人生的影響。

合一數字（Oneness Number）：生命靈數的雙生火焰數字，指出雙生之間的能量和靈魂合一。這是數字1。

沖相（Opposition）：在占星學中，這意謂著兩顆天體彼此對立。

彼岸（Other Side）：又名「永夏之地」（Summerland）、「天國」（heaven）、「家」（home）等等，當靈魂離開它當前化身的人生時，這是靈魂的目的地，也是非肉身靈魂選擇停留的地方。

前世回溯（Past Life Regression）：這個方法運用催眠或引導式冥想，幫助靈魂找回以前生活或體驗過的生命記憶。這類資訊通常來自靈魂本身或阿卡莎紀錄。

前世（Past Lives）：靈魂化身進入物質形相學習功課的存在經歷。

雙魚座（Pisces）：敏感、神祕主義、忠誠、文雅、害羞的星座。

冥王星（Pluto）：這顆行星在星象圖中代表轉化、更新、消滅。

極性（Polarity）：在占星學中，這描述黃道十二宮的兩個對沖星座之間的關係。

五分相（Quintile）：在占星學中，這促進創造力。

種族（Race）：這是指人的遺傳基因和體形特徵，例如膚色、眼睛顏色或骨骼結構。

已提升的振動（Raised Vibration）：比身體維持的自然振動更高階的振動。有目的地提升振動或在更高的振動界域（例如較高階那一邊或彼岸）運作，可以達到這個振動。

記錄（Record）：你個人靈魂的能量存在於阿卡莎紀錄之內。

輪迴轉世（Reincarnation）：概念是，永恆的靈魂將會一再地返回到物質形相，學習在它的靈魂藍圖內找到的功課。

右腦（Right Brain）：人腦裡比較藝術、直覺、情緒、隨性的那一側。

逃方（Runner）：在雙生火焰關係中，無法處理任何或所有高強度部分的雙生。這個角色可能會隨時在雙生之間轉換。

射手座（Sagittarius）：直率、直言不諱、誠實、追求真理的星座。

土星（Saturn）：在星象圖中，這顆行星代表野心、謹慎、組織、面對你的恐懼。

天蠍座（Scorpio）：強烈、忠誠、情緒覺知、自然而然地有能耐追求浪漫關係的星座。

八分相（Semi Square）：在占星學中，這表示輕微惱人的關係。

十二分相（Semisextile）：在占星學中，這表示溫和支持的關係。

出相位（Separating Aspect）：在星象圖中，這代表兩顆行星之間的相位容許度，隨著時間的推移而增加。

八分之三相（Sesquiquadrate）：在占星學中，這表示成功。

六分相（Sextile）：在占星學中，這意謂著支持。

靈魂（Soul）：由上帝創造的無窮、無限、神性的存在體。

靈魂藍圖（Soul Blueprint）：由靈魂創造的設計，透過它，我們規劃要學習哪些功課，以及達成這類學習的所有方法，它內含你的化身存在的人生計畫。

靈魂進化（Soul Evolution）：透過經驗和學習教育，靈魂進化到更高的意識層次。

靈魂宇宙（Souliverse）：圍繞你的同類靈魂的宇宙。

靈魂伴侶（Soul mate）：同類靈魂，其目的是幫助你在靈魂進化方面有所進展，也允許你協助他完成他的靈魂進化。

靈（Spirit）：非肉身的靈魂，已經從生命（通常在地球上）過渡轉換，而且存在彼岸。

靈性 DNA（Spiritual DNA）：神性能量和物質構成，那是靈魂創造的核心。

四分相（Square）：在占星學中，這製造摩擦。

太陽（Sun）：代表本質的自我。通常也象徵男人。

合盤（Synastry）：比較兩張出生圖，為的是斷定相容性。這種比較通常著眼於星象圖中行星和宮位的位置，也可以包括幫忙進一步定義雙生火焰關係的各種極性、特質、元素。

金牛座（Taurus）：建造、決心、意志力的星座。

老師（Teachers）：指導靈們的主要目的或協助方法，是教導我們功課。

心靈感應（Telepathy）：心智之間只用思想而不用言語的溝通行為。

三分相（Trine）：在占星學中，這意謂著帶來機會和協助。

雙生火焰占星學（Twin Flame Astrology）：研究出生時的星象圖、它們的相似點、差異性、合盤，作為證明雙生火焰關係的一種方法。

雙生火焰臍帶（Twin Flame Cord）：這條臍帶內含創造靈魂的靈性DNA，且在神性上連結雙生火焰。

雙生火焰生命歷程數字（Twin Flame Life Path Number）：在生命靈數之中，這個數字的計算方法是：將兩個雙生的個別生命歷程數字相加，再減化至個位數。這個數字表示這對雙生今生的總體目標。

雙生火焰生命靈數（Twin Flame Numerology）：研究數字以斷定相容性，且作為證明雙生火焰關係的一種方法。

雙生火焰極性（Twin Flame Polarity）：表示雙生火焰關係中神聖女性（陰）與神聖男性（陽）之間的平衡。

雙生火焰階段（Twin Flame Stages）：在雙生火焰關係中，雙生雙方的成長、釋放、學習、團聚的階段。這些階段旨在使雙生雙方更緊密地團聚，進一步踏上他們的靈魂進化之路。

雙生火焰（Twin Flames）：你的神性靈魂的另一半，與你共享相同的靈性DNA和靈魂藍圖。

宇宙數字（Universal Number）：生命靈數的雙生火焰數字，象徵和宇宙的連結，是數字7。

天王星（Uranus）：這顆行星在星象圖中，意謂著原創、獨立、發明才能。

帷幕（Veil）：能量和乙太的帷幔，隔開感知（人世間）層面與乙太層面（或彼岸）。

金星（Venus）：在星象圖中代表愛情的行星。

振動（Vibration）：你的身體自然運動的頻率。

處女座（Virgo）：實用、可靠、完美主義的星座。

水（Water）：元素之一，代表敏感性、想像力、情緒。

陽（Yang）：星象圖合盤中的負極性。又名「神聖男性極性」。

陰（Yin）：星象圖合盤中的正極性。又名「神聖女性極性」。

參考書目

Columbia University Irving Medical Center, The Pancreas Center. "The Pancreas and Its Functions." Accessed July 1, 2021. https://columbiasurgery.org/pancreas/pancreas-and-its-functions.

Dvorsky, George. "Fifteen Uncanny Examples of the Golden Ratio in Nature." Gizmodo. Last updated February 20, 2013. https://io9.gizmodo.com/15-uncanny-examples-of-the-golden-ratio-in-nature-5985588.

Eldridge, Lynne. "An Overview of the Thymus Gland." VeryWell Health. Last updated June 24, 2020. https://www.verywellhealth.com/thymus-gland-overview-4582270.

Encyclopedia Britannica. "Pythagoreanism." Accessed February 2018. https://www.britannica.com/topic/number-symbolism/Pythagoreanism.

Ermith, Jen. "The Records of Many Names." Last updated July 13, 2011. https://akashictransformations.com/the-records-of-many-names/.

Ghose, Tia. "What is the Fibonacci Sequence?" LiveScience. Last updated October 24, 2018. https://www.livescience.com/37470-fibonacci-sequence.html.

Johns Hopkins Medicine. "Adrenal Glands." Accessed July 1, 2021. https://www.hopkinsmedicine.org/health/conditions-and-diseases/adrenal-glands.

Kotsos, Tania. "What Is the Law of Attraction and How Does It Work?" Accessed July 1, 2021. https://www.mind-your-reality.com/law_of_attraction.html.

Merriam-Webster. "Astrology." Accessed July 1, 2021. https://www.merriam- webster.com/dictionary/astrology.

Society for Endocrinology, The. "Where Is My Pituitary Gland?" Accessed February 2018. https://www.yourhormones.info/glands/pituitary-gland/.

Web MD. "Hypothyroidism." Last updated August 26, 2020. https://www.webmd.com/women/hypothyroidism-underactive-thyroid-symptoms-causes-treatments#1.

Wilson, Colin. *The Occult: A History*. New York: Random House, 1971.

You and Your Hormones. "Pituitary Gland." Accessed February 2018. https://www.yourhormones.info/glands/pituitary-gland/.

國家圖書館出版品預行編目（CIP）資料

雙生火焰：與你的靈魂雙胞胎，相遇、分離、重聚的覺醒之愛／萊絲莉．桑普森(Leslie Sampson)著；星光餘輝譯. -- 初版. -- 臺北市：橡實文化出版：大雁出版基地發行，2022.11
面；　公分
譯自：Find your twin flame : understand and connect to your soul's other half.
ISBN 978-626-7085-48-6（平裝）

1.CST：心靈學　2.CST：靈修

175.9　　111015025

BC1113
雙生火焰：與你的靈魂雙胞胎，相遇、分離、重聚的覺醒之愛
Find Your Twin Flame: Understand and Connect to Your Soul's Other Half

作　　者　萊絲莉．桑普森（Leslie Sampson）
譯　　者　星光餘輝
責任編輯　田哲榮
協力編輯　朗慧
封面設計　斐類設計
內頁構成　歐陽碧智
校　　對　蔡函廷

發 行 人　蘇拾平
總 編 輯　于芝峰
副總編輯　田哲榮
業務發行　王綬晨、邱紹溢、劉文雅
行銷企劃　陳詩婷
出　　版　橡實文化 ACORN Publishing
地址：231030 新北市新店區北新路三段 207-3 號 5 樓
電話：（02）8913-1005　傳真：（02）8913-1056
網址：www.acornbooks.com.tw
E-mail 信箱：acorn@andbooks.com.tw
發　　行　大雁出版基地
地址：231030 新北市新店區北新路三段 207-3 號 5 樓
電話：（02）8913-1005　傳真：（02）8913-1056
讀者服務信箱：andbooks@andbooks.com.tw
劃撥帳號：19983379　戶名：大雁文化事業股份有限公司

印　　刷　中原造像股份有限公司
初版一刷　2022 年 11 月
初版三刷　2024 年 4 月
定　　價　450 元
I S B N　978-626-7085-48-6